영국 문학 명소
찾아가기

1 런던
2 스트랫퍼드 어폰 에이번
3 바스
4 하워스
5 에든버러
6 도버
7 윈더미어
8 그래스미어
9 스톤헨지

국어 선생님,
영국 가다

Let's Go!

Let's Go!

교과서 들고 떠나는 세계문학기행

국어 선생님, 영국 가다

강혜원 지음 | **김학수** 그림

푸른숲주니어

작품 속 세계를 만나러 떠나는 여행

여행이 끝나고 나서 글을 쓰는 데까지 참으로 오랜 시간이 걸렸다. 함께 여름 여행을 떠났던 아들 환이는 무슨 대장정을 했다고, 어떤 대하소설을 쓰기에 그렇게 오래 걸리느냐고 묻기도 했다.

사실 어느 것도 아니다. 몇 년 전 여름과 겨울, 두 차례에 걸쳐 단지 오십 일 정도 여행을 했을 뿐이고, 또 단 한 권의 책을 쓰기 위한 여행이었다. 그러나 여행을 위해 여러 가지 자료를 뒤져 본 시간은 여행한 기간에 열 배도 더 되고, 여행의 목표였던 작가와 작품 세계를 알기 위해 읽은 책은 내가 쓴 책의 백 배가 넘을 정도였다.

왜 영국을 선택했는지 물어보는 사람들이 꽤 있었다. 사실 특별한 이유가 있었던 건 아니다. 어린 시절 책 읽기의 즐거움을 알게 해 준 문학 작품들을 헤아리다 보니, 영국 문학 작품들이 가장 많았다는 게 이유였다고나 할까?

이른바 '세계 명작'이라고 이름이 붙은 작품들 중에 영국 작품들이 유난히 많다. 국어 선생인 나는 영국 문학이 세계 명작 대열 속에 큰 자리를 차지하고 있는 게 부러우면서, 한편으로는 영국이 지난날 가졌던 힘에 기댄 바 크다고 생각했다. 아울러 우리말과 글도 이토록 아름답건만, 왜 우리 문학은 그런 자리를 차지하지 못하는지 안타까운 마음이 들었다.

이런 작은 생각들이 결국은 영국 문학 여행으로 연결된 셈이다. 동화, 소설, 영화, 시, 그리고 드라마로……, 우리 문학보다 더 자주 만났던 영국 문학의 탄생지에 한번 가 보자. 그러면서 인간의 삶이 담겨 있는 문학의 뜻을 다시 헤아리고, 우리네 삶도 돌아보자. 그러다 보면 우리 문학의 아름다움 또한 새삼 발견할 수 있을 테니까.

이렇게 시작한 첫 문학 여행은 여름이었다. 함께 여행을 했던 선생님과 아이들은 여행 내내 힘이 되었다. 모두 그때 찍은 사진을 마음껏 사용하라고 흔쾌히 허락해 주었다.

두 번째 여행은 나 혼자 한 여행이었다. 그것도 추운 겨울에. 혼자 여행하는 자유로움만큼 외로움도 진하게 느낄 수 있었다.

그런데 우연한 사건이 없다면 여행은 재미가 없는 것일까? 이제 겨우 다 완성했나 싶던 원고를 독일 여행 중에 통째로 잃어버리고 말았다! 기차역에서 기차를 기다리던 사이, 눈뜬 채 노트북과 외장 하드를 도둑맞은 것이다. 노트북에는 잘 정리된 여행 사진과 탈고를 앞둔 이 책의 원고가 고스란히 들어 있었다. 아, 내 대하소설이 그렇게 날아가다니!

하지만 세상에 잃어버려서 안 될 것은 별로 없나 보다. 나는 여행에서 돌아와 잃어버린 원고를 기억하려 애쓰며 학교생활 틈틈이 다시 글을 쓰기 시작했다. 어차피 우리 삶을 돌아보면 다 그렇듯, 첫 원고 역시 아쉬움 투성이였으니까.

이렇게 영국 문학 여행은 끝없는 시행착오 속에서 찾고, 느끼고, 되돌아보는 여행이었다. 핑계라면 핑계겠지만, 영국 여행에 대한 풍부한 정보를 두루 전하지 못함을 헤아려 주기 바란다. 여행 정보보다는 언어의 차이, 문화의 차이, 생각의 차이를 느껴 보려 애를 썼고, 그 속에서 영국 문학의 어렴풋한 자취와 삶을 고민하는 작가들의 높은 정신을 느껴 보려 했으니까.

'선생님, 여행 가다' 시리즈를 기획하여 여행의 즐거움과 글 쓰는 기쁨을 두루 알게 해 준 푸른숲 출판사의 김혜경 대표님과 박창희 본부장님, 그리고 여러 분들께 감사드린다.

또 일일이 이름을 부르지 못한 가족들, 친구들, 나를 국어 선생님이게 한 학생들에게 고마움과 사랑의 마음을 전한다. 나의 가장 아름다운 여행지는 이 모든 사람들을 만난 내 삶인 듯하다.

2013년 11월

강혜원

차례

뭐!!

낙하산이 안 펴져!

1

The Sherlock Holmes Museum

진실의 검, 정의의 칼날

셜록 홈즈 박물관

펄럭~~

셜록 홈즈!
가공의 인물이지만
완전 멋진 것
같어!

관련 작가 제임스 매슈 배리, 코난 도일
관련 작품 《피터 팬》, 《바스커빌가의 개》
여행 명소 켄싱턴 공원, 하이드 파크, 셜록 홈즈 박물관

하이드 파크를
뜰 삼아 머물며

기나긴 비행 끝에 드디어 런던 히드로 공항에 도착했다. 두근대는 가슴을 안고 입국 수속을 밟으려 기다리는데, 한국 학생이 입국 심사관과 몇 마디 나누다가 따로 불려 가는 게 보였다. 고개를 돌려 보니, 어떤 이는 공항 직원의 질문이 어려운지 식은땀을 흘리고 있었다. 이런! 이게 바로 말로만 듣던 까다로운 입국 심사?

우리 일행은 잔뜩 주눅이 든 채 순서를 기다렸다. 하지만 막상 차례가 되자 의외로 술술 넘어갔다. 뭐하러 왔느냐, 얼마 동안 머무느냐, 어디에 묵느냐 등 기초적인 질문에 이어, 내가 묵을 숙소가 호텔이냐는 질문을 끝으로 무사히 통과! 드디어 난생처음 영국 땅을 밟게 된 것이다.

우리가 묵을 숙소는 런던 베이스

워터 지하철역 근처의 값싼 호스텔이었다. 여행 전, 런던에서 머물 숙소를 고를 때 하이드 파크란 이름이 붙은 곳이 종종 눈에 띄었다. 런던 시민들이 가장 사랑하는 공원으로 손꼽는 하이드 파크가 이름에 붙어 있는 만큼 믿을 수 있겠거니 생각하며, 여섯 명이 한꺼번에 묵을 수 있는 방을 예약했다. 하룻밤에 한 사람당 사만 원 정도이니 그런대로 묵을 만한 숙소겠지, 라고 생각하면서. 그런데 웬걸, 방에 들어선 순간 일행의 눈빛에 어린 실망감이라니.

"여기가 영국 런던이에요?"

어느 정도 쾌적한 숙소를 예상했던 아이들은 허름한 이층 침대 세 개가 따닥따닥 붙어 있는 좁은 방에 실망한 나머지 입을 딱 벌렸다. 침대마저도 차가운 느낌이 훅 드는 철제 침대였다.

방이 깨끗하지 않은 것은 당연하고, 욕실의 수도꼭지는 고장이 났는지 아무리 돌려도 물이 졸졸졸 새어 나오기만 했다. 고쳐 달라고 해도 고장이 아니라는 식이었다. 화를 내면서 항의하려다 꾹 눌러 참았다. 사실 내 영어 실력으로는 요모조모 따지기가 어려워서 지레 포기……. ㅠㅠ

숙소를 이곳으로 정한 장본인으로서 일행한테 미안한 마음이 컸다. 그렇지만 굳이 위안거리를 찾자면 이 숙소에도 커다란 장점이 있었다. 바로 길 건너편에 펼쳐진 켄싱턴 공원과 하이드 파크로 통하는 문이 있다는 것! 비록 숙소는 열악함 그 자체였지만, 도심 속의 아름다운 공원 덕분에 조금이나마 위로가 되었다.

¹ 숙소와 가까운 공원 산책로. 이마저 없었다면 일행에게 변명할 거리조차 없었을지도 모르겠다. ² 공원에 놓인 의자들. 이렇게 편하고 멋진 의자를 공원에 늘어놓다니 대단하다고? 천만에, 이 의자에 앉으려면 돈을 내야 한다. 세상에 공짜는 없다!

공원에 우뚝 선
피터 팬

　　　　　　　　본격적인 여행에 나선 첫날, 우리 행선지는
자연스레 숙소 옆의 하이드 파크와 켄싱턴 공원이 되었다. 켄싱턴 공원은
엄청나게 넓었다. 면적이 110만 제곱미터라나. 원래 켄싱턴 궁에 딸린 왕
실 정원이었는데, 빅토리아 여왕이 시민들에게 돌려주었단다.

　하이드 파크는 롱워터 호수와 서펜타인 호수를 사이에 두고 켄싱턴 공
원과 이어져 있었다. 면적은 약 140만 제곱미터 정도. 직접 걸어 다녀 보
니 지하철 서너 정류장은 족히 될 만큼 넓고 아름다운 공원이었다. 쓰레
기 하나 없이 깨끗한 산책길, 푸른 잔디밭과 호수, 물 위에서 노니는 새들,
호수에 제 그림자를 비추는 물풀들…….

　"어, 이건 피터 팬이네요."

　호숫가에 동상이 하나 서 있었다. 영락없이 피터 팬이었다.

　"'피터 팬 신드롬'이 무슨 뜻인지 아니?"

　"영원히 어린아이이고 싶은 남자들
의 마음을 뜻하는 말 아니에요?"

　정말 남자들 마음속에는 피터 팬 신
드롬이 자리 잡고 있을까? 학교에서
남학생들을 가르치다 보면 그럴 거라
는 생각이 종종 들 때가 있다. 특히 남
녀 공학보다 남학생만 있는 학교에서

켄싱턴 공원과 하이드 파크 지도가 표시된 안내판.

그런 증상이 더 느껴진다. '저 친구가 정말 열여덟 살 맞아? 저렇게 철이 없는데?'라고 나 스스로에게 물어볼 만큼 나이에 걸맞지 않게 말하고 행동하는 학생들이 더러 있다.

《피터 팬》의 작가 제임스 매슈 배리는 1885년에 런던에서 소설과 희곡을 쓰기 시작했다. 고향에 전해 내려오는 설화를 바탕으로 쓴 《드럼즈의 창》을 발표하면서 이름을 날린 그는 희곡 작가로도 활발히 활동했으며, 연극배우 메리 안셀과 결혼했다.

그는 켄싱턴 공원을 자주 산책했다. 그러던 어느 날, 공원에서 당시 다섯 살이었던 조지 르웰린 데이비스와 그 가족을 만나게 되었다. 조지는 아서와 실비아 부부의 다섯 아이들 중 첫째였다. 데이비스 형제를 보고

1 빅토리아 여왕 조각상. 뒤쪽으로 켄싱턴 궁이 보인다. 2 호숫가에 서 있는 피터 팬 동상.

영감을 얻은 배리는 피터 팬 이야기의 줄기가 되는 작품들을 여럿 발표했다. 주인공 피터의 이름도 다섯 형제 중 셋째에게서 따온 것이라고 하니, 정말 돈독한 사이였던 듯하다.

피터 팬의 아버지, 제임스 매슈 배리

한국에 돌아와서 《피터 팬》을 읽어 보니, 켄싱턴 공원을 묘사한 구절이 유난히 눈에 띄었다.

켄싱턴 공원은 입이 쩍 벌어질 정도로 넓은 곳이다. 나무만 해도 수백, 수만 그루가 있다. ……넓은 산책로를 따라 걸으면서 눈에 띄는 곳들을 좀 둘러보려고 하면 그곳에 다다르기도 전에 집에 갈 시각이 되고 만다. ……서펜타인 호수는 이 근처에서 시작된다. 아름다운 호수에 숲이 잠겨 있다. 호수를 가만히 들여다보면 나무들이 죄다 거꾸로 서 있다. 밤에는 물에 잠긴 별도 볼 수 있다.

배리가 살던 시절의 켄싱턴 공원은 지금보다 훨씬 더 전원적이었다고 한다. 이처럼 상상력을 끝없이 자극하는 공원이 있었기에, 배리는 요정의 사랑을 온몸에 받으며, 꽃과 나무와 새들과 이야기를 나눌 수 있는 영원한 어린아이 피터 팬을 창조할 수 있었을 테지.

피터 팬 이야기의 끝이 궁금하다고?

어느 날 밤, 런던에 사는 아이들 방으로 소년이 춤을 추며 들어온다. 요정 팅커벨에게 이끌려 온 '피터 팬'이다. 피터는 웬디와 두 동생에게 하늘을 나는 법을 가르쳐 주고, 세 사람을 네버랜드로 데려간다. 한편, 피터의 숙적인 후크 선장은 피터와 함께 살고 있는 집 잃은 아이들을 인질로 삼고 피터를 잡으려고 한다.

후크 선장의 배에 몰래 침입한 피터는 해적들과 싸우며 아이들을 구해 내고, 궁지에 몰린 후크 선장은 바다로 뛰어들지만 악어에게 잡아먹히고 만다. 무사히 집으로 돌아온 웬디와 동생들, 그리고 집 잃은 아이들은 부모님의 환대를 받지만 피터는 해마다 봄맞이 대청소 때 웬디를 데리러 오겠다며 홀로 네버랜드로 떠난다.

처음 연극으로 상영되었던 《피터 팬》의 내용은 여기까지였다고 한다. 배리가 쓴 희곡의 결말도 여기서 끝난다. 하지만 배리가 죽기 전 딱 한 번 뒷이야기가 연극으로 상영된 적이 있다. 숨겨진 결말이라고나 할까? 《피터 팬》을 책으로 읽으려 하는 사람이라면 다음 단락을 보지 말 것!

> 매년 봄에 웬디를 데리러 오겠다고 약속했던 피터는 다음 해에 약속대로 웬디를 데리러 온다. 하지만 웬디가 이미 성장했다는 사실도 눈치채지 못하고, 예전에 함께 모험을 했었다는 사실도 까마득히 잊고 있다. 흥미를 잃고 떠난 피터 팬은 한참의 시간이 흐른 후 다시 찾아와, 이번에는 웬디의 딸 제인과 함께 네버랜드로 여행을 떠난다.

배리는 왜 이런 결말을 넣고 싶어 했을까? 아마도 피터 팬이 우리 곁에 계속 찾아올 거라는 암시를 줌으로써 요정을 믿는 아이들의 꿈과 상상력을 지켜 주려 한 게 아닐까? 어떤 의미에서 배리의 소망은 이루어진 것도 같다. '피터 팬'은 전 세계로 퍼져 나가 지금까지도 연극으로, 영화로, 만화로, 캐릭터로 되살아나 여전히 우리 곁을 지키고 있으니 말이다.

2009년에 이탈리아에서 공연한 연극 〈피터 팬〉의 한 장면.

셜로키안들의 순례지
베이커가 221번지

"자, 오늘은 세계 최고의 탐정을 찾아가 볼까?"

"셜록 홈즈요?"

아이들은 살짝 기대가 되는 모양이었다.

"셜록 홈즈를 만들어 낸 사람이 누군지 알아?"

"코난 도일이죠."

금방 대답을 하긴 했지만, 셜록 홈즈가 실제 인물인지, 소설 속 허구의 인물인지 갸우뚱하는 것 같았다.

켄싱턴 공원이 작가의 상상력을 불러일으켜 동화《피터 팬》의 배경이 되었다면, 반대로 소설 속의 배경이 고스란히 되살아나 현실로 존재하는 곳이 있다. 바로 코난 도일이 창조한 탐정 셜록 홈즈가 살았던 집, 베이커가 221번지다.

코난 도일은 에든버러 의대를 졸업하고 의사가 되었지만 돈벌이가 변변찮았던 모양이다. 그래서였을까? 우연한 계기로 셜록 홈즈를 주인공으로 한 추리 소설을 잡지에 연재하기 시작했는데, 곧 폭발적인 인기를 끌게 되었다. 온갖 기묘한 사건을 퍼즐처럼 착착 맞춰 나가는 셜록 홈즈에게 독자들이 열광했던 것이다.

그 당시 셜록 홈즈의 인기는 상상을 초월할 정도였다. 소설에 등장하는 홈즈의 집 '베이커가 221번지'는 실제 주소가 아닌데도, 독자들은 자신의 사연을 적어 사건 의뢰 편지를 보냈다. 심지어는 가정부가 되고 싶다는

지원서를 보내기도 했다. 정작 그를 창조한 코난 도일이 셜록 홈즈의 그림자에 가려질 판이었다.

추리 소설 집필에 지친 코난 도일은 1893년에 〈마지막 사건〉이라는 작품에서 셜록 홈즈를 스위스의 한 폭포에서 떨어트려 자취를 감추게 만들었다. 그러자 독자들의 항의가 빗발치더니, 그를 다시 살려내라는 피켓 시위로 이어졌다.

사실 홈즈 박물관인 베이커가 221번지를 찾아가야 할지 말아야 할지 조금 망설여졌다. 다녀온 사람들의 경험담을 들어 보면 큰 기대를 안고 갔다가 실망했다는 식의 이야기가 많았기 때문이다. 하지만 셜록 홈즈는 아이들뿐 아니라 어른들도 좋아하는 세계 최고의 탐정이 아니던가? 나는 상상력이 빈곤한 어른이기에 망설이는 건지도 모른다고 생각하며 셜록 홈즈의 집으로 발길을 옮겼다.

　베이커 스트리트 역에 내려 셜록 홈즈 박물관을 찾아가는 동안 몇몇 사람에게 길을 물어봤는데 다들 아리송해하는 얼굴이었다. 의외로 영국에서 그다지 유명하지 않은 것일까?

　아이와 길을 걷고 있는 아주머니에게 다가가 다시 길을 물었다. 역시 고개를 갸웃거리기만 할 뿐이었다. 그러다가 갑자기 "아, 박물관!"이라고 외치더니, 손가락으로 한 방향을 가리켰다.

　정말로 그곳에 셜록 홈즈의 집이 있었다! 신기하게도 19세기 경찰관처럼 보이는 사람이 문앞을 지키고 있었다. 순간, 착각이 일었다. 셜록 홈즈가 실제 인물이었나?

　그러나 그것도 잠시, 나는 재빨리 현실로 돌아오지 않으면 안 되었다.

지극정성, 홈즈의 팬 클럽!

소설 속에서 셜록 홈즈는 1854년 1월 6일에 태어난 것으로 묘사된다. 그런데 홈즈가 태어난 날인 1월 6일에 모여 성대한 생일 파티를 열고, 그가 소설 속에서 죽은 날에는 그를 추모하며 슬퍼하는 사람들이 있다. 셜록 홈즈를 실제 인물인 양 숭배하는 사람들, 그들을 '셜로키언'이라고 부른다. (영국에서는 '홈지언'이라고 부르기도 한다.) 이들은 홈즈가 등장하는 육십 편의 소설을 '성전'이라고 부르는데, 〈마지막 사건〉으로 자취를 감춘 뒤 〈빈 집의 모험〉으로 돌아오기까지 삼 년 동안 홈즈가 무엇을 하며 지냈는지를 두고 아직까지 논쟁을 계속하고 있다.

오 파운드(우리나라 돈으로 8,500원 정도)짜리 입장권을 사기 위해 박물관 문앞에 줄을 서야 했기 때문이다. 별 특징도 없는 삼층짜리 건물에 볼거리가 얼마나 많다고 이렇게 줄까지 서야 하는지 살짝 짜증이 일었다. 기다림은 언제나 지루한 법이니까. 시간이 얼마나 흘렀을까? 함께 줄을 선 중국 소년과 우연히 눈이 마주쳤다. 소년은 셜록 홈즈의 집을 보게 된다는 기대감으로 두 눈이 초롱초롱 빛났다. 입가에는 해맑은 미소까지 띠고 있었다.

그래, 그렇지! 명색이 문학 여행인데 셜록 홈즈의 집 앞에서 불평을 늘어놓다니. 나는 차례를 기다렸다가 얼른 표를 끊었다.

일층은 기념품 가게였고, 이층부터가 박물관이었다. 박물관 입구나 출구 쪽에 기념품 가게를 마련해서 관광객들의 호주머니를 노리는 것은 어디나 똑같았다.

이층은 여느 집 응접실과 비슷했다. 셜록 홈즈가 아무리 소설 속 허구의 인물이라고 해도, 이곳에 들른 사람들은 '그래, 홈즈와 왓슨이 1881년부터 1904년까지 여기에서 살았단 말이지.'라며 순간적인 착각에 빠져들 것만 같았다. 홈즈가 쓰던 파이프 담배와 수갑, 편지 뜯는 칼, 막 읽다가 덮은 책, 비커 같은 실험 도구들로 가득 차 있었으니까. 게다가 책상 위 스크랩북에는 세계 곳곳에서 보내온 편지가 빼곡하게 꽂혀 있었다. 실제 인물인 코난 도일은 사라지고 소설 속의 셜록 홈즈만 남아 있는 듯했다.

"헉, 이게 뭐지?"

삼층에 들어서다 깜짝 놀랐다. 입구 양쪽으로 기괴한 인물들이 잔뜩 서

셜록 홈즈를 실제 인물로
숭배하는 '셜로키안'들

1 베이커가 221번지에 있는 셜록 홈즈 박물관 입구. 코
난 도일이 작품을 쓸 당시, 베이커가는 84번지가 끝이
었다. 그러니까 원래는 없는 주소였다. 2 셜록 홈즈 박
물관 안에 전시된 소품들.

1 전 세계에서 베이커가 221번지로 보낸 편지를 모아 둔 스크랩북. 2 《바스커빌가의 개》이야기를 재현해 놓은 모형.

있는 게 아닌가! 소설 속 인물과 배경을 모형으로 만들어 실제처럼 재현한 전시물이었다. 셜록 홈즈의 작품들을 꼼꼼하게 읽었다면 "와, 이게 바로 그 장면이구나!"라고 외치며 반갑게 다가갔을 텐데, 읽은 지 오래되어 기억이 가물가물하니 그 앞에 서서도 맹숭맹숭한 느낌이었다.

그럼에도 불구하고 내 눈을 단숨에 사로잡은 전시물이 있었다. 바로 '바스커빌가의 개'였다. 몇몇 개의 모형들로 구성된 단순한 소품에 불과했지만 어찌나 생생하게 재현을 했던지 쉽사리 눈길을 떼지 못했다.

인간의 탐욕이 부른 범죄
《바스커빌가의 개》

코난 도일이 쓴 작품에서 셜록 홈즈가 등장

하는 사건은 모두 육십 편이라고 한다. 그중 네 편의 장편 가운데 하나인 《바스커빌가의 개》는 1902년에 발표되었다. 코난 도일이 자신이 쓴 소설 가운데서 두 번째로 뛰어난 이야기라고 손꼽았던 작품이기도 하다.

사건 의뢰인이 바스커빌가에 전해지는 전설에 대한 보고서를 들고 베이커가로 찾아온다. 바스커빌가의 찰스 바스커빌 경이 갑작스럽게 의문의 죽음을 당한 뒤, 유산 상속자인 헨리 바스커빌에게도 협박장이 날아들었다는 내용이다. 그 역시 죽음의 위협에 처한 것이다.

게다가 찰스 경이 죽은 이유가 불을 뿜으며 달려드는 악마의 개 때문이라니! 보고서에 따르면 그 개가 나타난 것은 헨리 바스커빌의 조상 휴고 바스커빌의 악행 때문이라고 한다. 휴고는 자신의 영지 근처에 사는 농부의 딸을 납치했다가, 벽을 넘어 도망간 그녀를 잡기 위해 사냥개를 풀어놓는다. 결국 처녀는 피로와 공포에 지쳐 죽어 버리고, 얼마 뒤 휴고마저도 무시무시한 개에게 물려 죽고 만다.

이후 바스커빌 가문은 사냥개의 저주가 대대로 이어진다고 믿게 된다. 게다가 찰스 바스커빌 경의 시신 주변에서도 큰 개의 발자국이 발견되었으니, 전설을 믿지 않을 수도 없는 상황. 물론 주변에는 살인 용의자로 의심받을 만한 사람들이 여럿 있다.

이해할 수 없는 사건들이 있을 때마다 '왜', '무엇 때문에'라는 질문을 던지며 차근차근 사건을 해결해 가는 홈즈. 결국 홈즈는 사건을 해결하고, 헨리 경은 죽음의 문턱에서 홈즈와 왓슨의 도움으로 살아남는다.

알고 보니 불을 뿜는 '악마의 개'는 평범한 개의 주둥이 주변에 번쩍거리는 인을 칠해서 불을 뿜는 듯이 보이게 만든 것이며, 바스커빌가에 전해지는 전설 역시 실은 자기 욕심을 채우려는 사악한 인간이 치밀하게 계획한 사건이었음이 밝혀진다.

진실의 검,
정의의 칼날

《바스커빌가의 개》를 보면서 셜록 홈즈의 놀라운 추리력에 온몸이 전율했다. 그의 천재성에 혀를 내두를 지경이었다. 그런 허구의 천재를 탄생시킨 작가 코난 도일에게 박수라도 쳐 주고 싶었다.

리젠트 공원. 셜록 홈즈 박물관 바로 옆에 있다. 작품 속에서 홈즈는 공원을 자주 지나다니는 것으로 묘사된다.

1859년 5월 22일, 아서 코난 도일은 스코틀랜드의 에든버러 시에서 태어났다. 훗날 에든버러 대학에서 의학을 공부했는데, 그때 만난 조셉 벨 교수가 그에게 깊은 인상을 남겼다. 벨 교수는 환자를 잠깐 관찰하고도 성격과 습관, 병의 증세 등을 정확하게 꿰뚫어 보았다. 한 번의 관찰로 수많은 진실을 알아채는 셜록 홈즈와 꼭 닮은 셈이었다.

그 후 코난 도일은 유학까지 다녀와 안과 병원을 열었지만 환자가 거의 없었다. 이는 그가 글쓰기에 매달릴 수밖에 없었던 이유이기도 했다. 그는 곧 수많은 홈즈 이야기를 탄생시켜 유명해졌다. 군의관으로 보어 전쟁에 참전했을 때는 영국 군대를 변호하는 글을 쓰기도 했다. 이 작품 덕분에 영국 정부로부터 기사 작위를 받았다.

1930년 7월 7일, 코난 도일은 일흔한 살의 나이로 세상을 떠났다. 묘비에는 그의 문학 세계를 기려 '진실의 검, 정의의 칼날'이라는 글귀가 새겨졌다.

셜록 홈즈 박물관에서 나오자, 왕실의 사냥터였던 리젠트 공원이 바로 보였다. 음습한 범죄와 추리의 세계에서 벗어나 한없이 푸르른 공원을 산책하노라니 기분이 한결 상쾌해졌다. 인간의 탐욕이 낳은 범죄가 있으면 이를 응징하는 정의가 있는 것처럼, 비 오는 날과 같이 우울한 도심 한가운데에 이토록 멋들어진 공원이 있다는 사실이 새삼 신기하게 와 닿았다. 몇 발자국을 경계로 분위기가 확 바뀌는 느낌이었다.

그래서일까? 영국 작가들은 유독 런던의 공원을 배경으로 환상의 세계와 놀라운 인물들을 많이 창조해 냈다. 어른과 아이의 경계에 있는 피터 팬, 선과 악의 경계를 밝혀내는 셜록 홈즈⋯⋯.

직접 작품 속 세계를 걸어 보니 감회가 더 새로웠다. 사슴 사냥 모자를 쓴 채 파이프를 입에 물고 있는 홈즈와 마주치거나, 해맑게 웃는 소년을 집요하게 쫓는 애꾸눈 선장의 뒷모습을 발견하더라도 전혀 어색하지 않을 것만 같았다.

현실과 소설의 경계가 점점 희미해지는 경험이라니! 이래서 셜로키언들이 생기고 피터팬 신드롬이 만들어진 것인지도 모르겠다. 이래서 문학 여행이 필요한 거구나.

• 셜록 홈즈와 함께하는 런던 여행

셜록 홈즈 박물관은 런던의 베이커 스트리트 역에서 걸어서 5분 거리에 있다. 셜록 홈즈 박물관에 들렀다가 리젠트 공원을 산책하면 멋진 하루가 될 것이다. 지하철 역에서 박물관에 이르기까지도 볼 게 참 많다. 지하철 역에 그려진 홈즈 벽화, 지하철 입구에 세워진 홈즈 동상 등 셜록 홈즈의 자취를 잘 살펴보자. 여기서 중요한 점 하나! 꼭 셜록 홈즈가 등장하는 작품을 몇 권 읽고 박물관을 관람할 것! 그러면 작은 소품들조차도 훨씬 흥미진진하게 다가올 것이다.

홈페이지_ http://www.sherlock-holmes.co.uk
주　　소_ 221b Baker Street London NW1 6XE
개관 시간_ 9:30~18:30

• 우리나라에도 '추리 문학관'이 있다?

추리 소설에 관심이 많다면 우리나라에도 한 번쯤 가 볼 만한 곳이 있다. 바로 부산에 있는 '김성종 추리 문학관'. 국내 추리 소설의 대가인 김성종 작가가 자신의 재산을 털어 1992년에 세운 문학관이다. 김성종 작가는 〈여명의 눈동자〉라는 TV 드라마의 원작자이며, 1969년 조선일보 신춘 문예로 등단한 뒤 현재까지 200여 권의 책을 펴내며 활발히 활동하고 있다. 이 추리 문학관에서는 추리 소설뿐 아니라 일반 도서도 다양하게 만나 볼 수 있다. 추리 소설과 관련된 강의와 행사도 준비되어 있으니 시간을 잘 맞춰 볼 것!

부산광역시 해운대구에 위치한 김성종 추리 문학관의 내부 전시실.

'피터 팬'의 모델이 된
다섯 형제

런던의 여름은 그리 무덥지 않은 편이었다. 그래서 그런지 아침부터 공원에서 걷거나 뛰는 사람들을 많이 볼 수 있었다. 도시 한가운데 드넓은 공원이 있기에 가능한 일이기도 하고, 삶의 여유를 즐기고 자기 관리에 충실한 유럽 인들의 생활 습관이기도 할 것이다.

《피터 팬》의 작가 제임스 매슈 배리도 켄싱턴 공원에서 개를 데리고 산책을 하다가 르웰린 데이비스 가의 다섯 형제와 만나게 된다. 훗날 배리가 "다섯 형제를 되는 대로 결합해 만든 것이 피터 팬이다."라고 말했듯이, 다섯 형제는 배리에게 문학적 영감을 크게 준 모양이다. 이때가 1897년이었다. 배리는 이들 형제와 함께 별장에서 여름 휴가를 보내기까지 한다.

배리와 다섯 형제가 만나고, 피터 팬이 태어난 아름다운 공원. 하지만 꿈과 모험이 가득한 환상의 세계와 현실은 그리 많이 닮지는 않았던 모양이다. 1907년에는 아서가, 삼 년 뒤에는 그의 부인 실비아가 세상을 떠난다. 이렇게 부부가 차례로 세상을 떠나게 되자 자식이 없던 배리는 다섯 형제의 후견인이 되어 그들을 돌본다. 하지만 다섯 아이들의 삶은

동화처럼 행복한 결말이 아니었다.

첫째인 조지는 스물세 살에 죽었고, 배리가 가장 사랑했던 마이클은 사고로 물에 빠져 죽는다. 셋째 피터는 배리와 점차 사이가 벌어지다, 결국 기차에 몸을 던져 자살하고 만다. 왜 그랬는지에 대해서는 아직도 의견이 분분한데, 어쨌든 이 일로 배리는 크게 절망한다.

배리가 피터 팬을 영원한 어린아이로 그린 이유가 어쩌면 다섯 형제의 행복했던 어린 시절을 추억하려는 마음 때문이 아니었을까? 제임스 매슈 배리의 삶은 조니 뎁이 주연한 영국 영화 〈네버랜드를 찾아서〉에 고스란히 담겨 있으니, 관심이 있으면 찾아보도록 하자.

1 《피터 팬》 양장본 초판에 실린 삽화. 새와 함께 켄싱턴 공원에서 사는 피터 팬의 갓난아기 시절의 모습을 묘사하고 있다. 2 켄싱턴 공원. 책 속의 삽화와 무척이나 닮았다. 무려 백 년이라는 시간 차이가 있는데도 말이다!

2

House of Virginia Woolf

오백 파운드의 수입과 자기만의 방

버지니아 울프의 집

앗!
이 사람은
내가 아는
시인이야.

관련 작가 버지니아 울프
관련 작품 《자기만의 방》
여행 명소 버지니아 울프 생가, 웨스트민스터 사원

국어 선생님,
영국에서 길을 잃다

낯선 곳을 여행하다 보면 바로 눈앞에 찾던 곳이 있다는 걸 모르고 누군가에게 묻고 또 묻게 된다. 행운이 따르는 날에는 단번에 찾기도 하지만, 그런 날은 일 년에 몇 번 없는 '운수 좋은 날'이다. 몇 번을 돌고 돌아, 심지어 아까 지나간 길에 있었음에도 보지 못하고 지나쳤다가 다시 돌아오기도 한다.

영국 문학 여행을 하면서 가장 힘들게 찾아갔던 곳이 바로 버지니아 울프가 살던 집이었다. 그야말로 미로 찾기를 하는 심정이었다.

셜록 홈즈 박물관에 다녀온 다음 날, 아이들에게 이런 말을 했다.

"오늘은 버지니아 울프라는 작가의 집을 찾아갈 거야."

아이들은 서로의 얼굴을 멀뚱멀뚱 쳐다보았다. 당연히 알 리가 없었다.

버지니아 울프.

고등학교 시절에 내가 좋아하던 박인환 시인의 〈목마와 숙녀〉를 외우면서 알게 된 이름이다. 1974년이었나? 박인희라는 여가수가 시 낭송 음반을 발표했다. 당시 파격적이었던 이 음반은 큰 인기를 얻었다. 더불어 낭만적인 음악에 맞춰 슬픔 어린 목소리로 읊은 이 시는 방송으로, 또 음반으로 널리널리 퍼져 나갔다.

한 잔의 술을 마시고
우리는 버지니아 울프의 생애와
목마를 타고 떠난 숙녀의 옷자락을 이야기한다
(중략)

……등대에……
불이 보이지 않아도
그저 간직한 페시미즘의 미래를 위하여
우리는 처량한 목마 소리를 기억하여야 한다
모든 것이 떠나든 죽든
그저 가슴에 남은 희미한 의식을 붙잡고
우리는 버지니아 울프의 서러운 이야기를 들어야 한다
(하략)

―박인환, 〈목마와 숙녀〉에서

〈목마와 숙녀〉에 나오는 버지니아 울프는 대체 어떤 사람일까? 그녀의 서러운 이야기란 대체 어떤 것일까? 우리 일행은 버지니아 울프의 삶에 대해 아는 만큼 이야기를 나누며 그의 집을 찾아 나섰다.

우리는 그가 살았던 집을 찾고, 유명 인사의 집에 붙어 있는 파란색의 동그란 딱지인 '블루 플락'을 확인해 보고 싶었다. 또 빼어난 지성을 지녔던 작가의 흉상을 바라보며, 그가 자신의 주머니에 돌을 집어넣고 우즈 강에 몸을 던져야 했던 서러운 사연을 곱씹어 보고 싶었다.

그런데 서러운 사정이 있던 작가라서 그런가? 그의 발자취를 찾는 게 왜 이리 힘든지, 우리는 버지니아 울프가 살던 동네인 블룸즈버리 거리를

블룸즈버리 거리는 왜 유명할까?

블룸즈버리 거리는 영국 박물관이 있는 지역의 이름인데 '블룸즈버리 그룹'이라는 지식인들의 모임으로 유명해졌다. 20세기 초반 런던에서는 작가, 철학가, 예술가 들이 모여 새로운 사상과 예술에 대해 토론을 하곤 했다. 특히 버지니아 울프의 언니 바네사의 집에는 형부이자 미술 평론가인 클라이브 벨, 소설가 포스터, 경제학자 케인스, 화가 던컨 그랜트 등 당시 내로라하는 유명 인사들이 자주 모였다. 대단한 뜻을 갖고 만든 모임이 아니라 단순한 친목 모임이었다고 하는데, 이들 대부분이 한동네에 모여 살았기 때문에 '블룸즈버리 그룹'이라는 이름이 붙었다.

블룸즈버리 그룹이 활동하던 곳임을 알려 주는 표지판.

한참 동안 이리저리 헤매었다.

그나마 유서 깊은 거리라고 하니까 헤매어도 크게 억울하지는 않았다. 하지만 분명히 이 근처에 있다는 걸 알면서도 왔다리 갔다리만 할 뿐 정작 찾지는 못하니까 슬슬 약이 올랐다.

길 가는 사람들에게 "버지니아 울프가 살던 집이 어디예요?"라고 묻기만 하면 알아서 척척 가르쳐 주리라고 생각했던 게 크나큰 실수였다. 하긴 우리 나라에 들른 외국인이 서울 부암동 근처에서 아무나 붙들고 "현진건 생가 터가 어디예요?"라고 물으면 대답할 수 있는 사람이 몇이나 될까? 바로 옆집에 사는 사람이거나, 문학에 관심이 많은 사람이 아니면 알려 주기 쉽지 않은 건 매한가지겠지.

정처 없이 걷다가 고든 광장에 도착했다. 그런데 광장 한쪽에 블룸즈버리 그룹을 소개하는 안내판이 붙어 있는 게 아닌가. 게다가 사진 한가운데에 앉아 있는 사람이 바로 버지니아 울프였다! 아, 이젠 입술이 바짝바짝 탔다. 지 사람이 살던 집을 왜 이렇게 못 찾는 거지?

바로 그때, 멋진 원피스 차림을 한 동양인 아가씨가 안내판을 읽고 있는 걸 발견했다. 차림새가 현지에 사는 사람 같아서 영어로 물어보았다.

"버지니아 울프가 살던 집을 찾고 있는데, 혹시 어딘지 아세요?"

그는 우리를 둘러보더니 한국말로 대답했다.

"혹시 한국 분이세요?"

긴가민가했는데, 역시 한국 사람이었다. 큭, 내 영어 발음에서 한국의 향기가 물씬 풍겼나 보다. 그 아가씨는 영문학을 공부하고 있는데, 방학을 맞아 문학 여행을 하는 중이란다. 버지니아 울프에 대해 이야기할 때 '그 분', '사셨대요' 등 높임말을 쓰는 걸로 미루어 버지니아 울프를 무척이나 존경하는 듯했다.

"저도 그 집을 찾고 있는데 잘 못 찾겠더라고요."

갑작스럽게 합류하게 된 그 아가씨와 정보를 나누다 보니, 한참 전에 우리가 무심코 지나쳤던 집이 아무래도 버지니아 울프의 생가인 것 같았

버지니아 울프가 살던 집의 블루 플락.

다. 그 아가씨는 고든 광장 한켠에 버지니아 울프의 흉상이 있다는 사실도 알려 주었다. 우리는 헤맸던 길을 다시 돌아가 아까 그 집 앞에 섰다.

"여기인 것 같아요!"

드디어 찾았다. 토비스탁 46번지, 버지니아 울프가 살던 집. 우리는 "이 집, 그리고 근처에서 버지니아 울프를 비롯한 블룸즈버리 그룹의 구성원들이 살았다."는 내용의 표지판을 감격스럽게 쳐다보았다.

잃어버린 것을
찾기 위해 살다

1882년에 영국 런던에서 태어난 버지니아 스테판. 그녀는 열세 살에 어머니를 잃었다. 슬픔과 충격이 워낙 컸기 때문인지 이때부터 정신 이상 증세가 나타나곤 했다. 십 년 뒤 아버지의 죽음 뒤에 두 번째 정신 이상 증세를 보여 자살을 시도했으나 다행히 미수에 그쳤다.

1912년에 레오나드 울프와 결혼하여 소설《출항》과《댈러웨이 부인》, 평론《자기만의 방》등 여러 편의 작품을 집필했다. 이중에서《자기만의 방》은 페미니즘의 교과서로 불리는 작품이다.

페미니즘? 글쎄, 쉽게 설명하기 어려운 단어다. 단순히 한 가지 의미로만 쓰이는 게 아니라, 사회적·철학적 의미들을 담고 있는 단어니까. 그래도 억지를 써서 한 문장으로 표현하자면, '여성의 인격을 존중하고자 하는 사상적인 흐름'이라고 할 수 있겠다.

잘 모르겠다고? 그럼, 책에 나오는 한 구절을 살펴보는 편이 훨씬 이해가 빠를지도.

여성은 일 년에 오백 파운드의 수입과 자기만의 방이 있어야 한다.

버지니아 울프가 자신의 책에서 한 말이다. 단순히 표현하자면 여성의 경제적 독립과 그에 따른 사생활 보호가 필요하다는 것, 그리고 이것이 여성의 인격을 존중할 수 있는 방법이라는 주장이다.

19세기 후반에서 20세기 초, 유럽의 분위기는 지금과 사뭇 달랐다. 여성은 결혼하기 전에는 아버지의 울타리 아래에서, 결혼해서는 남편의 보호 속에 살아야만 했던 존재였다. 이런 시대에 여성이 독립적으로 살기 위해 필요한 조건을 공식적으로 선언했다는 건 대단히 충격적인 사건이었다.

《자기만의 방》을 발표했을 당시, 평론가들이 단지 그저 그런 잡담들을 모아 놓은 책이라고 애써 낮게 평가했던 것도 이런 이유에서였다. 버지니아 울프의 작품들은 훗날에 가서야 진정한 평가를 받게 되었다. 그것도 그가 죽고 난 먼 훗날에.

자기만의 세계를 추구하던 섬세하고 예민한 작가 버지니아 울프는 쇠약해진 몸과 정신으로 힘겹게 힘겹게 버티다가, 끝내 우즈 강에 몸을 던져 자살하고 말았다. 그는 남편에게 남긴 유서에 어린 시절 의붓 오빠들에게 당한 성추행과 그로 인한 극심한 고통을 고백하기도 했다.

"나는 지난 삼십 년 동안 남성 중심의 사회와 부단히 싸웠습니다.

오로지 글로써 말이에요. 유럽이 세계 대전의 회오리바람 속으로 빨려들 때 모든 남성이 전쟁을 옹호하였고, 당신마저도 참전론자가 되었죠. 나는 생명을 잉태해 본 적은 없지만 모성적 부드러움으로 전쟁에 반대했습니다. 지금 온 세계가 전쟁을 하고 있습니다. 작가로서의 내 역할은 여기서 중단될 것입니다. 추행과 폭력이 없는 세상, 성차별이 없는 세상에 대한 꿈을 간직한 채 나는 지금 저 강물을 바라보고 있습니다."

버지니아 울프의 생애는 마치 잃어버린 것을 찾기 위해 사는 것과 마찬가지였다. 그가 찾던 것을 한마디로 이야기하자면, 그의 작품 제목처럼 '자기만의 방'이었을 것이다. 자신의 삶, 자신의 자아, 진정한 자신의 모습이 담긴 그만의 방.

웨스트민스터 사원의
시인의 방

버지니아 울프의 집을 방문한 다음 날, 웨스트민스터 사원으로 향했다. 오늘 문학 여행의 행선지는 웨스트민스터 사원의 305호 방, 즉 '시인의 방'이었다. 영국을 대표하는 시인과 작가들의 묘지가 있는 방이었다. 이미 마음이 시인의 방에 가 있어서 그런지, 고딕 건축을 대표하는 건물이라는 웨스트민스터 사원의 위용도, 영국 왕의 대관식이 열리는 유서 깊은 장소라는 데에도 별 감흥을 느끼지 못했다.

헐레벌떡 도착한 시인의 방에는 작가들의 묘지석과 기념비로 가득했다. 안내 책자를 보니 백 명이 넘는 시인, 소설가, 희곡 작가 들의 묘지 또는 기념비가 있다고 한다. 우리는 비석에 새겨진 이름 중에서 아는 작가가 눈에 띄기라도 하면 먼저 작품의 제목을 떠올리려고 소란을 피워 댔다.

"셰익스피어 기념상! 로댕의 생각하는 사람처럼 턱을 괴고 있네?"

"《실락원》을 쓴 사람이 밀턴이죠? 17세기의 작가……."

"《실락원》은 낙원을 잃어버렸다는 뜻이지. 《복락원》이란 작품도 있다던데. 아마도 낙원을 찾았다는 뜻이 아닐까?"

1 웨스트민스터 사원의 멋진 모습. 영국을 대표하는 건축물이라는 사실을 나중에 알았다. 2 제인 오스틴을 기리는 기념물. 3 브론테 자매의 이름이 새겨진 비석. 4 가운데 자리를 차지하고 있는 셰익스피어 조각상. 5 시인의 방 바닥에 조각된 작가 이름들.

"아내를 두 번 잃고 세 번 결혼했지? 눈이 완전히 멀기도 했고."

실패와 좌절 속에서 《실락원》을 쓴 작가 밀턴의 이야기는 고등학교 때 교과서에서 읽었던 것 같다. 그러나 아직까지 그의 작품을 온전히 읽어 보지는 못했다.

"찰스 디킨스도 여기 묻혔군요."

"제인 오스틴의 이름도 있네."

"제인 오스틴은 윈체스터 성당에 묻혔어. 여기는 비석만 있는 거야."

브론테 자매의 비석도, 《이상한 나라의 앨리스》를 쓴 루이스 캐럴의 묘지석도, 호수의 시인이라 불리는 윌리엄 워즈워스의 석상도 보였다.

이유 없는 설렘! 웨스트민스터 사원의 시인의 방에서 느낀 감정은 온통 설렘이었다. 설렘의 정체는 무엇이었을까? 책으로 읽었던 작가들, 내가 아는 작가들의 묘비 앞에 서 있었기 때문일까?

생각해 보니 그들이 남긴 작품에서 비롯된 감정이었다. 묘지석 사이사이를 걸으며 내가 아는 작가들의 이름을 발견할 때마다 그들의 작품 한 구절씩이 머릿속을 스쳐 갔다. 그리고 숱한 세월을 거쳐 흘러온 인간 정신의 아름다움에 가슴이 뛰었다.

언젠가는 이 돌들도 스러질 테지만, 작가들이 작품 속에 그려 내고자 했던 인간의 위대한 정신은 앞으로도 계속 이어지겠지. 그런 생각이 들자, 나도 모르게 마음 한구석이 숙연해졌다.

먹거리 앞에선
아무것도 소용없어

> 그녀의 얼굴은 잊을 수 없을 거예요
>
> 기쁨 또는 후회의 흔적,
>
> 어쩌면 나의 보물이거나
>
> 내가 치러야 할 대가인지도 모르죠

영화 〈노팅 힐〉의 주제곡을 들으면 떠오르는 런던의 포토벨로 마켓. 그리고 능청스러운 책방 주인으로 로맨틱한 모습을 선보인 배우 휴 그랜트의 얼굴이 함께 떠오른다. 〈노팅 힐〉에서 휴 그랜트는 유명 여배우와 사랑에 빠진 평범한 책방 주인을 연기했는데, 포토벨로 마켓에 영화의 배경이 되었던 실제 책방이 있다고 해서 들르기로 했다. 하지만 인파에 휩쓸린 나머지, 책방은 제대로 찾아보지도 못하고 곧장 장터로 들어서야 했다.

포토벨로 마켓은 우리나라로 치면 남대문 시장과 비슷한 곳이었다. 하긴 날마다 열리는 게 아니라 주말에만 열린다고 하니, 우리나라의 오일장과 더 비슷하다고 할 수 있겠다.

안으로 들어서니 장터답게 시계와 안경, 도자기, 액세서리, 의류 등 갖가지 물품들을 파는 가게가 줄지어 서 있고, 악사들이 여기저기서 연주를 하고 있었다. 물건을 사고파는 사람들의 모습만 달랐지, 우리나라 전통 시장과 크게 다르지 않다는 생각이 들었다.

NOTTING HILL GATE

Way out →

1 팔지 않는 물건을 찾는 게 더 빠를 듯한 포토벨로 마켓의 풍경. 2 영화 〈노팅 힐〉의 배경인 노팅 힐 지하철 역. 3 4 관광객들의 혼을 쏙 빼놓는 갖가지 먹거리들.

나는 도자기 가게 앞에서 한참을 머물렀다. 어림잡아 백 년은 되었을 것 같은 오래된 느낌의 물건들이 많았다. 우리나라 백화점에서 본 듯한 영국 상표의 도자기들도 다양하게 진열되어 있었다.

차를 즐겨 마시는 나는 주전자며 찻잔들이 탐이 나서 자꾸만 만지작거렸다. 하지만 영국 곳곳을 돌아다녀야 하는 여행객이 가방에 도자기로 만든 물건을 넣고 다닐 수는 없는 노릇이라 진한 아쉬움만 남았다.

하지만 아쉬움은 곧 장터의 중심인 먹거리 골목을 만나면서 눈 녹듯 사라졌다. 유럽풍 빵과 과자는 물론, 인도 카레와 태국 요리 등 갖가지 음식이 우리를 반겼다. 낯선 나라의 낯선 거리에서 낯선 음식을 먹는 여행의 즐거움이란! 블룸즈버리 거리를 헤매던 피곤함도, 〈노팅 힐〉의 배경이 된 책방을 보지 못한 안타까움도 금세 모두 잊어 버렸다.

하지만 그때는 미처 생각하지 못했다. 한국에 돌아와서 런던을 생각하면, 버지니아 울프의 생가와 시인의 방에서 느꼈던 문학의 감동보다 먹거리가 먼저 떠오르게 될 줄은…….

● 웨스트민스터 사원 살피기

웨스트민스터 사원을 방문했을 때 내 머릿속은 그저 '시인의 방'으로만 가득 차 있었다. 그래서 웨스트민스터 사원과 관련된 다른 정보에는 크게 관심이 없었다. 하지만 나중에 여행에서 돌아오고 나서야 웨스트민스터 사원이 대대로 영국 왕의 대관식과 왕가의 결혼식이 열리는 유서 깊은 장소라는 걸 알게 되었다.

게다가 영국에서 가장 아름다운 스테인드글라스가 있다는데, 나는 전혀 기억이 나지 않는다! 웨스트민스터 사원에 가게 되면 시인의 방뿐만 아니라 여러 곳을 세세히 둘러보도록 하자.

> **홈페이지_** http://www.westminster-abbey.org
> **주　　소_** Westminster Abbey, 20 Deans Yard, London, SW1P 3PA, UK
> **개관 시간_** 여름 9:30~18:00　겨울 10:00~16:00

● '나혜석 거리'가 있다고?

사람들에게 국내에서 여성 작가를 기념하는 물건을 떠올려 보라고 하면 뭘 먼저 생각할까? 딱 떠오르는 게 오만 원권에 실린 신사임당 초상이다. 그렇다면 장소는? 우리나라에도 버지니아 울프의 생가와 같은 곳이 있을까?

물론이다. 심지어 건물이 아닌 거리에 작가의 이름이 붙어 있는 곳이 있다. 바로 경기도 수원에 있는 '나혜석 거리'. 나혜석은 우리나라 최초의 여성 서양 화가로 유명하지만, 몇 권의 단편 소설을 발표했을 정도로 문학에도 관심이 깊었다.

독립 운동가이자 예술가였던 그는 여성에게 보수적인 사회적 편견에 맞서 싸운 것으로도 유명하다. 혹시 수원에 갈 일이 있으면 한 번쯤 들러 볼 것. 거리 곳곳에서 나혜석의 작품 설명과 그의 글귀를 만날 수 있다.

전 세계인을 위한
'트라팔가 광장'

　하루 만에 내셔널 갤러리를 보고, 다리를 건너 런던 아이에 들렀다가, 웨스트민스터 사원까지 둘러보는 일정은 상당히 무리한 편이었다. 하지만 먼 나라에서 온 여행자에겐 최대한 많은 곳을 구경하는 게 합리적인 선택일 것 같았다.

　그런데 내셔널 갤러리 앞을 지나 트라팔가 광장을 가로지를 때였다. 광장에 노란색, 빨간색 깃발들이 매달려 있고 '검은 7월 26주년'이란 현수막이 걸려 있었다.

　"저게 뭐지?"

　"시위하나 봐요. 트라팔가 광장이면 우리나라 서울 시청 앞 광장이나 광화문 광장 같은 곳 아닌가요?"

　우리는 뭐가 뭔지도 모르면서 나눠 주는 안내문을 받고 사진을 찍었다. 행사를 진행하는 사람들이 준 안내문을 읽어 보고, 또 나중에 컴퓨터로 검색을 하고 나서야 시위의 의미를 이해했다.

　경제난과 민족 갈등을 겪던 인도양의 섬나라 스리랑카에서 정부군이 소수 민족인 타밀족을 살해하고, 그들의 거주지를 폐허로 만들었던 사

건이 있었다. 1983년에 일어난 그 끔찍한 사건을 '검은 7월'이라고 부른
단다. 그 사건을 기억하며 실상을 알리기 위해 해마다 추모식 비슷한 행
사를 여는 모양이었다.

그런데 런던의 트라팔가 광장이 어떤 곳인데 시위를 하냐고? 트라팔
가 광장은 1805년 프랑스와 스페인 연합 함대를 무찌르고 승리를 거둔
트라팔가 해전을 기념하기 위해 만든 광장이다.

말하자면 트라팔가 광장은 영국 국민의 자존심이자, 런던 시민들이
심장부처럼 여기는 곳이다. 그래서 트
라팔가 광장에서는 정치적 의사를 표
현하는 시민들의 시위나 모임 등이 자
주 열린다고 한다.

어찌 보면 자신들과 관련이 없는
멀리 아시아 국가에서 벌어졌던 사건
을 기념할 수 있게, 런던을 상징하는
광장을 개방했다는 사실이 상당히 신
선하게 느껴졌다. 게다가 모여든 사람
이나 안내문을 나눠 주는 사람들이 스
리랑카 사람들만은 아니었다. 영국인
으로 보이는 사람들도 꽤 많았다.

마치 영국 런던이라는 장소를 떠나
세계인을 위한 광장이라는 느낌이 들
었다고나 할까?

트라팔가 광장을 꾸미고 있는 '검은 7월' 행사
장식. 높이 솟아 있는 탑 위에 넬슨 제독의 동상
이 서 있다.

*셰익스피어 생가

영국의 자존심, 애절한 사랑의 산실

스트랫퍼드 어폰 에이번, 셰익스피어 생가

관련 작가	루이스 캐럴, 윌리엄 셰익스피어
관련 작품	《이상한 나라의 앨리스》, 〈4대 비극〉, 《베니스의 상인》
여행 명소	옥스퍼드 대학교, 셰익스피어 생가

인도보다 귀한
셰익스피어?

"우리는 셰익스피어를 인도하고도 바꾸지 않
겠다."

영국의 여왕 엘리자베스 1세가 한 말이란다. 그런데 정말로 엘리자베
스 여왕이 그렇게 이야기했을까? 글쎄, 만약 그랬다면 아무리 셰익스피어
라지만 자신들이 무력으로 점령한 식민지 국가에 빗대어 표현한 것이 그
다지 '신사'적으로 보이지 않는다. 하지만 엘
리자베스 여왕의 말은 옳고 그름을 떠나 셰
익스피어에 대한 영국 사람들의 애정, 그리고
자부심을 적나라하게 보여 준다.

영국의 자존심을 넘어 세계 문학사에 뚜렷
한 획을 그은 셰익스피어! 이제 그의 흔적을
슬슬 찾아가 볼거나.

아, 그런데 문제가 있다. 영국 사람들의 사
랑을 한몸에 받고 있는 인물인 만큼, 영국에

는 셰익스피어 관련 기념물과 유적이 차고 넘친다. 어디로 가야 할까? 런던에 있는 셰익스피어 글로벌 극장? 아니면 셰익스피어의 초상화가 있는 내셔널 포트레이트 갤러리? 아니 아니, 이렇게 번잡한 곳보다는 셰익스피어를 조용히 곱씹어 볼 수 있는 곳이 좋겠다. 그렇다면 셰익스피어가 태어난 곳인 스트랫퍼드 어폰 에이번이 제격일 듯하다. 그곳은 셰익스피어의 자취가 오롯이 남아 있는 작은 마을이라고 하지 않던가!

스트랫퍼드 어폰 에이번은 런던에서 그리 멀지는 않지만 교통이 썩 좋지는 않았다. 버스로 세 시간이 좀 넘게 걸린다는데, 버스를 타고 왔다 갔다 하다가는 구경하기도 전에 하루가 다 가 버릴 것만 같았다. 하룻밤 묵으면 참 좋겠지만……, 앞에서 경험했듯이 좋은 숙소를 잡을 자신이 별로 없었다.

좋은 방법이 없을까? 고민고민하면서 숙소에 있는 관광 안내지를 뒤적이다가 야호! 당일 관광 상품을 발견했다. 스트랫퍼드 어폰 에이번과 그 주변에 있는 코츠월드 마을, 거기에 옥스퍼드까지 방문하는 당일 관광 프로그램이었다!

영국에서 가장 아름다운 마을로 꼽히는 코츠월드와 옥스퍼드 대학교에 가 볼 수 있다니. 게다가 옥스퍼드에서는 영화 〈해리 포터〉의 무대가 되었던 크라이스트 처치 대학에도 들른다고 했다. 나는 망설일 틈도 없이 얼른 예약을 해 버렸다.

관광버스가 출발하는 곳은 빅토리아 지하철 역 근처였다. 시간 맞춰 역에 도착했는데, 출구가 하도 많아서 그만 헤매고 말았다. 겨우겨우 지상으로 올라온 우리는 달리고 또 달려 가까스로 버스를 찾았다. 다행스럽게도 대머리 노신사가 환영의 인사를 하며 우리를 반가이 맞았다. 그런데 늦게 도착하는 바람에 빈 자리를 찾아 모두 흩어져 앉아야 했다. 하필이면 내가 안내원 할아버지 옆자리에 앉게 되었다.

처음에는 할아버지의 첫인상이 워낙 좋았기에 옆자리에서 친절한 설명을 듣는 행운을 누리게 되나 보다, 하고 은근히 기대를 했다. 그런데 웬걸! 쉴 새 없이 영국과 영국 문화가 우월하다며 농담을 늘어놓는 통에 마음이 차츰 불편해졌다.

버스가 프랑스 대사관 옆을 지날 때는 유리창이 더럽다며 은근슬쩍 프랑스를 디스(?)하더니, 영어를 쓰는 나라 중에 강대국이 많다는 둥 하면서

영국처럼 운전석이 오른쪽에 있는 자동차를 애용하는 나라들을 숨도 안 쉬고 꼽았다.

안내를 마친 할아버지가 내 옆자리에 와서 앉았다. 인사말을 건넨 뒤 뭐라 뭐라 하는데, 미처 알아듣지 못한 나는 빙그레 웃음만 지어 보였다. 그러자 그는 관광객 정보를 뒤적이며 혼잣말을 했다.

"대한민국인가? 북한일 리는 없고……."

'South Korea'라고 했더니 좀 놀란 표정으로 영어를 할 줄 아냐고 물었다. 조금 할 줄 안다고 했더니 천천히 고개를 끄덕였다. 이어 할아버지가 관심을 보인 것은 어이없게도 내 고어텍스 점퍼.

영국 전설에서 길어 올린 환상의 세계

옥스퍼드에 내릴 즈음, 빗방울이 조금씩 떨어지기 시작했다. 영국의 날씨는 참 예측하기가 힘들었다. 햇볕이 쨍쨍하다가도 금방 비가 내리곤 했다. 우산이 영국의 필수품이란 말이 제대로 실감났다. 여행 직전에 사 입은 점퍼가 그렇게 유용할 수 없었다. 문득 안내원 할아버지가 내 점퍼에 각별히 관심을 보인 건 비싸 보여서가 아니라 날씨 때문이라는 데 생각이 미쳤다.

옥스퍼드의 대학가를 걸어 크라이스트 처치 대학에 도착할 즈음에야 비가 멎었다. 할아버지는 대학 정문 앞에서 또 한 차례 안내를 했다. 수학

자였던 루이스 캐럴의 이야기였다. 그는 친구의 딸이었던 앨리스 리델과 그 자매들에게 들려주기 위해《이상한 나라의 앨리스》를 썼다고 한다. 그러고 보니 대학 안내판에서도 언뜻 앨리스를 본 것 같았다.

어릴 적에《이상한 나라의 앨리스》를 읽었을 때에는 기괴하고 황당한 분위기만 느껴질 뿐, 무슨 이야기인지 도통 이해가 되지 않았다. 하지만 띄엄띄엄 설명을 들으며 책 속의 장면장면을 다시금 떠올려 보니, 기발한 환상의 세계를 만들어 낸 루이스 캐럴의 풍부한 상상력이 새삼 놀랍게 느껴졌다.

달리는 흰 토끼, 트럼프 병정, 히죽거리는 고양이, 날아다니는 그리핀, 담배 피는 애벌레 등 기괴하면서도 귀여운 캐릭터들은 이제 거의 전설이 되었으니까.

대학교 주변에 예쁘게 꾸며 놓은 정원이 동화 속의 한 장면처럼 아기자기했다. 크라이스트 처치 대학은 19세기 말에 태어난《이상한 나라의 앨리스》의 고향이기도 하지만, 21세기에 전 세계 어린이·청소년들의 사랑을 한몸에 받은 영화 〈해리 포터〉를 촬영한 곳이기도 했다.

줄지어 걸어가다 보니, 어디서 많이 본 듯한 장소가 눈앞에 나타났다. 바로 호그와트 마법 학교의 식당! 영화에서는 엄청나게 넓어 보였는데, 실제로는 그리 넓지 않았다. 천장에는 촛불 대신 등이 달려 있었고, 벽에는 영화에서 볼 수 없었던 액자들이 죽 걸려 있었다. 어쨌든 〈해리 포터〉 시리즈를 사랑하고 영화를 즐겨 본 사람이라면 이곳에서 남다른 감동을 느낄 만했다.

1 크라이스트 처치 대학 건물. 여기서 영화 〈해리 포터〉를 촬영했다. 2 호그와트 마법 학교 학생들이 식사를 하던 강당. 현재 교직원 식당으로 이용하고 있다고 한다. 그런데 관광객들이 이렇게 많아서야 언제 식사를 할 수 있을거나?

그런데 사람들은 왜 〈해리 포터〉에 그토록 열광했던 것일까? 물론 재미있어서겠지만, 전 세계 어린이·청소년들의 사랑을 골고루 받은 까닭은 신화나 전설, 민담 속에 등장하는 이야기 요소들이 상상력을 짜릿하게 자극했기 때문일 것이다. 중세 유럽의 전설에 등장하는 빗자루 타는 마법사, 그리스 신화에 나오는 머리 셋 달린 개 케르베로스, 이마에 뿔이 달린 말 유니콘, 입에서 불을 뿜는 용 등등.

크라이스트 처치 대학을 거닐며 19세기 작품인 《이상한 나라의 앨리

원래 제목이 《이상한 나라의 앨리스》가 아니었다고?

1862년 여름, 루이스 캐럴은 친구와 함께 지인의 딸들을 데리고 보트를 타고 놀러 갔다. 이때 세 자매가 재미있는 이야기를 해 달라고 조르자, 캐럴이 이야기를 지어내기 시작했다.

캐럴은 나중에 "단지 아이들을 기쁘게 해 주려고 여주인공을 무작정 토끼굴에 빠트리고 이야기를 이어갔다."고 실토했다. 이야기를 해 달라고 졸랐던 세 자매 중에서 캐럴이 특히 좋아했던 둘째의 이름이 앨리스였는데, 앨리스는 캐럴에게 이야기를 엮어 책으로 내달라 요청했다.

이 년 뒤, 캐럴은 자신이 직접 글을 쓰고 그림을 그린 책 《앨리스의 지하 모험》을 앨리스에게 크리스마스 선물로 주었다. 다음 해인 1865년, 여기에 이야기를 덧붙여 정식 출판이 되면서 책 제목이 바뀌게 되는데, 이렇게 탄생한 책이 바로 《이상한 나라의 앨리스》였다. 그러니까 원래 제목은 '앨리스의 지하 모험'인 셈이다.

삽화가의 그림을 넣고 1906년에 정식 출간된 《이상한 나라의 앨리스》의 표지.

스》와 21세기에 만들어진 영화 〈해리 포터〉에 빠져 있다 보니, 마치 신화와 전설을 바탕으로 한 영국 사람들의 상상력과 마음속에 있는 환상을 조금이나마 엿본 듯한 느낌이 들었다. 그리고 한편으로는 우리 마음속 깊숙이 자리한 상상력을 자극하고 공감하게 만드는 그들의 능력이 부럽게 느껴졌다.

셰익스피어의 삶을
상상하다

모든 단체 여행이 그러하듯, 우리는 다음 장소를 향해 우르르 몰려가야 했다. 코츠월드에 자리한 작은 마을 버포드로 향할 때 비가 조금씩 내리더니, 막상 버스에서 내릴 때는 언제 그랬느냐는 듯 맑은 하늘이 드넓게 펼쳐졌다. 정말이지 영국의 변덕스러운 날씨는 도무지 예측할 수가 없었다!

영국을 여행한 사람들이 입에 침이 마르게 칭찬하는 코츠월드 지역에는 영국의 옛 모습이 고스란히 남아 있었다. 대중교통이 발달해 있지 않아서 관광버스를 이용한 단체 관광을 하거나 자동차를 빌리지 않고서는 가기가 쉽지 않단다. 하긴, 그래서 옛 모습을 지킬 수 있는 것인지도 모르겠다.

모두 버스에서 내려 언덕길을 따라 걸으며 아기자기한 상점들을 구경했다. 점심때가 되자 같은 버스에 탔던 관광객들 대부분이 식당으로 몰려

갔다. 우리는 잔디밭에 앉아 샌드위치와 음료로 점심을 때웠다. 조금 처량한 기분이 들었다.

우리는 여행 상품에 딸린 점심 식사를 신청하지 않은 걸 두고두고 후회했다. 시골 마을에 있는 조그마한 레스토랑에 들어가 보는 것도 좋았을텐데……. 여행을 하면서 돈을 아낀답시고 이것저것 재는 일은 어리석은 행동이라는 사실을 다시금 깨달았다. 특히나 그게 먹는 거라면 말이지!

점심을 먹은 뒤 언덕길을 한번 둘러보고 나자, 또 모여서 출발해야 할 시각이 되었다. 이 아름다운 마을의 정취를 느껴 볼 틈조차 없었다. 서둘러 출발한 끝에 닿은 곳은 오늘의 최종 목적지, 셰익스피어가 태어난 마을인 스트랫퍼드 어폰 에이번이었다.

어릴 때는 셰익스피어의 작품이 원래 희곡이었다는 사실을 알지 못했다. 동화처럼 풀어 쓴 작품을 읽었기 때문이다. 희곡의 줄거리를 바탕으로 다시 쓴 동화를 읽은 셈이었다.

우리는 셰익스피어의 작품을 동화나 영화, 연극, 만화 등 다양한 방법으로 접할 수 있다. 하지만 셰익스피어가 어떤 삶을 살았는지는 정확히 알지 못한다. 그가 태어난 날짜도 정확하지 않다고 한다. 셰익스피어의 발자취 중에서 세례를 받은 날짜와 결혼식을 올린 날짜만이 유일하게 확실한 기록이라고 불릴 정도니, 우리는 그저 그가 남긴 작품과 그가 살던 시대를 통해 삶의 모습을 추측해 볼 수 있을 뿐이다.

셰익스피어가 여덟 남매의 맏이로 태어난 1560년대의 스트랫퍼드 어폰 에이번은 인구가 약 이천 명 정도 되는 작은 마을이었다. 비교적 부유한 상인이었던 아버지는 셰익스피어가 네 살이 되던 해 마을의 읍장을 지내기도 했단다. 그의 집안은 당시에는 드물게 가죽 가공업과 농업을 겸하고 있었으므로 셰익스피어는 아마도 어린 시절을 제법 풍족하게 보냈을 것이다. 그는 열여덟 살 때 같은 마을에 살던 스물여섯 살의 앤 해서웨이와 결혼식을 올렸다.

우리가 처음 들른 곳은 해서웨이의 집이었다. 17세기의 부유한 농가 모습이 고스란히 남아 있었다. 자연 속에 들어앉은 예쁜 건물, 집 뒤로 이어진 과수원, 그 옆의 조각 공원까지……. 붉은 사과가 주렁주렁 달려 있는 사과나무 밑에 놓여 있는 의자를 보니 마치 동화 속에 들어와 있는 듯한 착각이 일었다.

1 셰익스피어의 아내인 앤 해서웨이가 살던 집. 2 '앤 해서웨이 정원'의 안내도. 3 셰익스피어의 고향 마을 스트랫퍼드 어폰 에 이번의 풍경.

애절한 사랑의 세레나데
《로미오와 줄리엣》

그런데 그만 울컥하는 상황이 벌어졌다. 일정에 쫓긴 안내원 할아버지가 서두르면서 동료 안내원에게 중얼거리는 소리가 들렸다.

"저 사람들 한국인인데, 설명하지 않고 그냥 통과해도 돼."

우리 일행을 가리키는 말이었다. 순간, 내 머릿속에는 안내원 할아버지를 나무랄 단어들이 수없이 나열되었지만, 실제로는 한 번 째려보는 데 그치고 말았다.

언어의 장벽에서 오는 거리감이 이토록 끔찍한 것일까? 아니면 할아버지의 인종적 편견, 즉 영국에 대한 우월감이 지나친 것일까? 이유가 무엇이건 간에, 셰익스피어의 발자취를 찾아가는 이번 여정에 대한 기대감은 확실히 한풀 꺾였다. 영어가 조금 짧다는 것뿐, 저들에게 우리가 무시당할 이유가 대체 어디 있단 말인가. 나도 우리말은 엄청 잘 하거든!!!

그러고 보니 셰익스피어도 작품 속에서 인종적 편견을 생생하게 드러낸 적이 있었다. 《베니스의 상인》이 그랬다.

베니스(이탈리아의 베네치아)에 사는 안토니오는 친구 바사니오를 위해 자신의 배를 담보로 고리대금업자 샤일록에게 돈을 빌렸다. 바사니오가 약혼녀 포샤에게 청혼할 때 쓸 돈이었다. 샤일록은 평소에 눈꼴시게 생각하던 안토니오에게 돈을 빌려 주면서, 갚지 못할 시에 살점 1파운드를 베어 내겠다는 조건을 걸었다.

바사니오는 안토니오의 도움으로 사랑을 이루었다. 하지만 안토니오의 배가 난파되는 바람에 샤일록의 돈을 갚을 길이 없어져 버렸다. 죽을 위기에 처한 안토니오.

안토니오 덕분에 사랑을 이룬 포샤는 재판관으로 변장하여 이들에게 현명한 판결을 내렸다. 차용 증서에는 살점 1파운드라고만 되어 있으니, 살을 베어 내되 절대로 피를 흘리지 않도록 하라고 한 것이었다. 그것을 어길 시에는 전 재산을 몰수할 거라고.

피를 흘리지 않고 살을 베어 낼 방법이 없는 샤일록은 결국 재판에서 패하고 말았다.

아무 생각 없이 읽으면 정말로 재미있는 이야기였다. 등장인물들은 생생하고, 주인공은 재기발랄했다. 게다가 자신의 신랑감을 스스로 선택하는 포샤의 자신감은 또 얼마나 멋진가.

그런데 《베니스의 상인》을 꼼꼼히 읽어 보면 샤일록이 유대 인이라는 설정이 눈에 들어온다. 작품 속에 유대 인에 대한 미움이 자리 잡고 있는 것이다. 심지어 작품의 마지막 부분에는 안토니오가 샤일록에게 기독교로 개종할 것을 요구하는 대목이 나온다. 이는 셰익스피어의 작품이 지닌 한계이기도 하지만, 이 작품이 발표된 16세기를 지배하는 세계관의 한계이기도 하다.

그렇다고 해도 셰익스피어가 쓴 작품의 문학적 가치가 줄어들지는 않는다. 대체 그 누가 인간에 대해, 사랑에 대해, 탐욕에 대해, 증오에 대해……, 어느 시대 어느 곳에서든 인간이 부닥칠 수밖에 없는 삶의 문제들을 이토

셰익스피어는 왜 하필 희곡을 썼을까?

셰익스피어가 태어나서 활동을 하던 16세기는 전쟁과 권력 투쟁으로 중세 유럽 사회가 흔들리던 시기였다. 이런 답답한 현실에서 벗어나기 위해 왕에서 귀족, 서민 가릴 것 없이 탈출구를 찾고 있었다. 이때 등장한 것이 바로 '연극'이었다.

사람들은 연극을 보며 현실 속 자신의 모습에서 벗어나 다른 사람으로 변신하는 경험을 했다. 마치 스트레스를 풀기 위해 게임이나 영화, 만화에 빠져 있는 요즘 우리의 모습과 상당히 비슷하다고나 할까?

연극이 인기를 끌면서 영국에서는 1576년에 최초의 상설 극장이 문을 열었고, 곧 런던에 많은 극장들이 생겨났다. 자, 극장과 배우가 있다. 그럼 이제 여기에 필요한 건 뭘까? 바로 극본, 즉 희곡이 필요하다.

이때 셰익스피어는 혜성처럼 등장한 베스트셀러 작가였다. 우리는 연극을 "보러 간다."고 이야기한다.

1865년 영국 삽화가 조지 크뤼크생크가 셰익스피어 탄생을 기념하여 그린 그림. 셰익스피어 희곡에 등장하는 다양한 인물들이 갓 태어난 셰익스피어를 둘러싸고 있다.

하지만 당시 영국 사람들은 연극을 "들으러 간다."라고 표현했다. 연극의 중심이 행동보다는 대사에 있었던 셈이다. 이런 의미에서 가슴에 팍팍 와 닿는 대사들을 구사한 셰익스피어가 성공한 건 당연한 게 아닐까?

'살 것이냐, 죽을 것이냐 그것이 문제로다.'(햄릿), '로미오 님, 당신은 왜 로미오인가요?'(로미오와 줄리엣)와 같은 명대사들은 이런 배경에서 탄생했다.

셰익스피어는 희극 《당신 뜻대로 하세요》에서 배우의 입을 통해 이렇게 말했다.

"온 세계는 연극 무대야. 남자도, 여자도 그저 배우일 뿐이지."

먹을 것이냐,
굶을 것이냐, 그것이
문제로다!

슥~

헉!

록 절절하고 방대하게 그려낼 수 있단 말인가?

"살 것이냐 죽을 것이냐, 그것이 문제로다."라는 대사로 유명한《햄릿》도 인간의 사랑과 탐욕이 끓어넘치는 작품이다.

아버지의 유령이 나타나 자신의 원수를 갚아 달라고 하자, 햄릿은 복수 앞에서 갈등하고 번민한다. 이 과정에서 사랑하는 여인 오필리아의 아버지를 죽이게 되고, 충격을 받은 오필리아는 미쳐서 물에 빠져 죽는다. 햄릿은 결국 아버지를 죽인 삼촌을 칼로 찔러 원수를 갚지만, 자신도 독이 묻은 칼에 찔려 죽고 마는 비극적인 이야기이다. 셰익스피어의 4대 비극 중 가장 널리 알려진 이야기이기도 하고.

하지만 젊은이들을 울리는 비극적인 사랑 이야기로는《로미오와 줄리엣》이 더 유명할지도 모르겠다. 전 세계인들이 한 번쯤은 머릿속으로 그려 보았을 법한 인물인 로미오, 그리고 줄리엣. 원수 집안의 남녀가 첫눈에 반해 사랑에 빠지고, 뜨겁게 사랑하다가 엇갈린 운명으로 두 사람 다 죽음에 이르고 마는 비극적인 이야기다. 이후 수많은 드라마와 영화와 소설에서 조금 덧칠하기도 하고, 약간 비틀기도 했다가, 아예 다시 만들어 내기도 했을 정도로 우려내고 우려낸 작품이기에 웬만해서는 모르기가 어렵다.

"로미오 님, 당신은 왜 로미오인가요?"

사랑에 빠진 줄리엣의 입에서 나온 이 한마디가 내 마음을 어찌나 흔들었던지…….

아참, 이렇게 절절한 사랑 이야기가 외국 문학 작품에만 있다고 생각하는 것은 큰 오산이다. 우리 고전 문학에도 애끓는 사랑 이야기가 수없이 존재한다. 그중에서 《로미오와 줄리엣》과 닮은 작품을 꼽자면 《운영전》을 들 수 있다.

《운영전》은 궁녀와 선비의 금지된 사랑 이야기이다. 이야기의 배경은 조선 시대. 궁궐에 한번 들어간 궁녀는 모시는 왕을 제외한 다른 남자와 절대로 사랑에 빠져서는 안 된다는 규칙이 있었다.

그러니 얼마나 애달픈 사랑이었을까! 로미오와 줄리엣처럼 원수 집안의 남녀라면 함께 가출이라도 하지, 한 나라의 최고 권력자의 손아귀에서 일개 궁녀가 도망을 친다는 것은 거의 불가능에 가까운 일이었다.

> "나는 김 진사님을 본 후로 마음이 괴로워서 누워도 잠을 자지 못
> 하고 먹어도 밥맛이 없어 어쩔 줄을 몰랐어. 매일 창밖을 멍하니 바라
> 보거나 작은 소리에도 혹시나 하는 마음에 두근두근 놀라곤 했지."

생각해 보면 《로미오와 줄리엣》과 《운영전》은 비슷한 점이 꽤 많다. 둘 다 1600년대 초반에 창작되었다는 점도 그렇고, 이야기의 끝이 주인공 남

녀의 죽음으로 이어진다는 점도 그렇다. 그리고 무엇보다도, 처음부터 이루어질 수 없는 사랑을 시작했다는 점이 묘하게 일치한다.

물론 결말은 조금 다르다. 《로미오와 줄리엣》은 원수 집안이 화해하면서 나름 훈훈하게 마무리되지만, 《운영전》은 아무도 알아주지 않는 쓸쓸함 속에서 끝이 난다.

아, 아쉽다! 《운영전》의 작가가 자신이 누구인지만 밝혔어도, 한국에서 셰익스피어만큼 큰 인기를 누렸을 텐데.

어라, 타고르의 흉상이 왜 여기 있지?

단체 관광객들이 몰려드는 시간이어서 그런지 주변이 무척이나 북적거렸다. 집합 시각은 점점 다가오건만, 제대로 구경도 못 하고 사람들에게 이리저리 밀려 다니다가 결국 팅기듯 밖으로 나왔다.

정원에서 웬 남녀가 무대복을 입은 채 대사를 읊고 있었다. 셰익스피어의 작품 한 대목을 공연하는 것이리라. 경쾌한 분위기로 봐서는 《로미오와 줄리엣》 같은 슬픈 사랑의 이야기는 아닌 것 같았다.

정원을 둘러보니 한쪽 구석에 인도 작가 타고르의 흉상이 서 있었다. 1861년에 태어나 1941년까지 살았던 인도의 시인이자 소설가인 타고르. 아시아 작가로는 최초로 노벨 문학상을 받았으며, 1929년에 일본을 방문

¹ 정원에서 두 사람이 연극을 하고 있다. ² 정원을 거닐다가 만난 타고르의 흉상.

했을 때 〈동방의 등불〉이라는 시를 지어 우리나라에도 잘 알려진 작가이다. 타고르는 셰익스피어에게 바치는 시를 벵골어로 써서 '벵골의 셰익스피어'라 불리기도 한다.

일찍이 아시아의 황금 시기에
빛나던 등불의 하나였던 코리아
그 등불 다시 한 번 켜지는 날에
너는 동방의 밝은 빛이 되리라
—타고르, 〈동방의 등불〉에서

그런데 인도 시인의 흉상이 왜 셰익스피어가 살던 집의 정원에 놓여 있는 것일까? 나는 "셰익스피어를 인도하고도 바꾸지 않겠다."라던 오만한

영국 여왕의 말을 떠올리며 사뭇 고개를 갸웃거렸다. 혹시 그런 말을 해 놓고서 속으로는 미안했던 게 아닐까?

런던으로 돌아오는 길, 건너편 좌석에 앉은 콜롬비아 여성이 할아버지 안내원에게 무언가 말을 건넸다. 그러더니 갑자기 환상적이었다며 감탄사를 연발했다. 뭐가 그리 좋았을까? 수박 겉핥기 식 단체 관광에서 무엇을 얻었기에 그렇게 좋았던 거지? 나는 살짝 뒤틀린 마음으로 두 사람을 쳐다보았다.

버스에서 내리려는데 안내원 할아버지가 바구니를 운전대 앞에 올려놓았다. 마무리 인사를 하면서 그 바구니에 팁을 담으란 말을 여러 번 되풀이했다. 순간, 헛웃음이 비어져 나왔다. 내가 팁 문화에 익숙하지 않아서 그런 것이리라. 나는 일행을 대표해서 오 파운드짜리 동전을 바구니에 넣었다. 하지만 기꺼운 마음은 아니었다.

세계적인 문호라 불리는, 그리고 영국을 상징하는 작가 셰익스피어를 이렇게 수박 겉핥기 식으로 둘러본 것이 못내 아쉽긴 했지만 나중을 기약하며 발길을 돌렸다.

• 지도 들고 셰익스피어가 자란 마을 둘러보기

스트랫퍼드 어폰 에이번에서는 지도 한 장을 들고 셰익스피어의 흔적을 밟아 보는 것도 좋겠다. 영국을 한 번 더 여행할 때, 홀로 기차를 타고 셰익스피어가 자란 마을을 들렀다 왔다는 중국 여성을 만난 적이 있었다. 그는 아침 일찍 출발해서 밤 열 시 가까운 시각에 돌아와 늦은 저녁을 먹으면서도 정말 멋진 여행이라고 거듭 감탄을 했다.

나는 고개를 끄덕일 수밖에 없었다. 그랬을 거라고. 그러면서 한편으로는 당일치기 단체 관광을 다녀온 것이 두고두고 후회가 되었다. 여기서는 셰익스피어의 문학적 자취만이 아니라, 옛 모습이 남아 있는 마을의 정취를 흠뻑 느껴 보는 것도 좋을 것 같다.

런던에서 출발한다면 메일본 역에서 스트랫퍼드 어폰 에이번까지 세 시간 간격으로 있는 직행 열차를 타면 된다. 걸리는 시간은 두 시간 정도. 셰익스피어가 태어난 집과 그의 부인 앤 헤서웨이의 집뿐 아니라, 셰익스피어가 세례를 받은 홀리 트리니티 교회, 로열 셰익스피어 극장, 에이번 강 등을 두루 찾아보자.

상상력을 자극하는 보물 창고,
《이상한 나라의 앨리스》

    《이상한 나라의 앨리스》는 상상력을 자극하는 매력적인 등장인물과 환상적인 배경 덕분에 수많은 화가, 만화가, 삽화가 들이 책 내용을 소재로 그림을 그렸고, 지금도 여전히 진행 중에 있다.

    1907년에는 영국의 유명 삽화가인 아서 래컴이 그림을 그렸는데, 책만큼이나 삽화도 인기를 끌었다고 한다.

    이 그림을 보고 흥미가 느껴졌다면, 책도 한번 찾아 읽어 보도록 하자. 2010년에 팀 버튼 감독이 영화로도 만들었으니 관심이 있다면 잊지 말고 찾아볼 것!

1 '거기서 뭐하니?' 앨리스와 흰토끼의 만남. 2 공작 부인과 요리사 때문에 곤욕을 치르는 앨리스. 3 다과회에 참석한 앨리스. 뭔가 사건이 터질 것만 같은 분위기다. 4 여왕의 등장! 멀리 뒤편 오른쪽에 앨리스가 보인다. 5 그리핀과 함께 거북의 거짓말을 듣는 앨리스. 6 누가 타르트 한 조각을 훔쳤는지 재판하는 광경. 뒷벽에 그려진 인물은 전 장면에 등장했던 그리핀과 거북이다. 7 마지막 장면. 결말은 알려 줄 수 없다는 점, 이해해 주길.

*서커스 빌딩

The Jane Austen Centre

오만과 편견의 벽을 넘다

제인 오스틴 센터

관련 작가 제인 오스틴
관련 작품 《설득》,《오만과 편견》
여행 명소 제인 오스틴 센터, 로열 크레센트

온천 도시 바스의
생얼을 보다

런던에서 서쪽으로 백칠십여 킬로미터쯤 떨어진 곳에 자리 잡은 작은 도시 바스(Bath). 눈치 빠른 사람은 도시 이름을 보고서 목욕과 관계 있는 곳이라고 미리 짐작했을지도 모르겠다. 맞다. 바스는 로마 시대부터 미네랄 온천수가 나는 곳으로 유명하다. 그래서 시내 중심에는 로마 시대의 목욕 시설이 유적으로 남아 있다. 이곳에서 솟아나는 온천수는 몸에 좋기로 유명해서, 거의 이천 년 전부터 많은 사람들이 방문했다고.

1세기부터 4세기까지 정착했던 로마 인들이 물러간 후, 바스는 쇠락의 길을 걷게 된다. 그러다가 18세기에서 19세기 사이에 온천 도시로 다시 번성하게 되는데, 영국을 넘어 유럽 전체를 대표하는 온천 휴양지로 이름을 날리게 된다. 도시 곳곳의 아름다운 건물들 대부분이 이 시기에 건설되었다고 한다.

이런 역사적 자취 때문일까? 바스는 도시 전체가 유네스코 세계문화유산으로 지정되었다.

에이번 강이 흐르는 바스의 전경.

내가 바스에 가려고 마음먹은 건 아름다운 건물이나 멋진 경치 때문이
아니었다. 바로 제인 오스틴을 만나기 위해서였다.

바스는 한때 제인 오스틴이 머무르던 곳이자, 그의 작품《노생거 사원》
과《설득》의 배경이 되었던 장소이기도 하다. 제인 오스틴! 영화와 드라
마로 우리에게 잘 알려진 작품《오만과 편견》을 쓴 작가이다.

나는 바스에 도착하기 전부터 가슴이 두근거렸다. 제인 오스틴의 소설
을 읽으며 상상했던 바스의 풍경이 실제로는 어떤 모습일지 무척 궁금했
기 때문이다.

잠시 후 바스에 도착한다는 안내 방송과 함께 창문 밖으로 멋진 풍경이
펼쳐졌다. 그래! 바스는 역시 내 기대를 저버리지 않았다. 도시를 굽어보
는 나지막한 산과 에이번 강에 둘러싸여 옛날의 고즈넉한 아름다움을 품

¹ 중세 시대의 성벽. 이처럼 중세부터 근대까지의 유적이 고스란히 남아 있어 도시 전체가 세계문화유산으로 지정되었을 것이다. ² 성벽에 붙어 있는 표지판. ³ 바스에 있는 공원.

고 있는 역사적인 도시, 바스.

기차에서 내리자 설레다 못해 사뭇 긴장되기까지 했다. 물론 바스를 배경으로 한 작품《설득》의 주인공 앤의 두근거림에는 못 미쳤겠지만 말이다. 역 대합실 왼쪽으로 예쁜 공원을 낀 채 강물이 흐르고 있었다. 제인 오스틴이《설득》을 썼던 그때도 이렇게 강물이 유유히 흐르고 있었겠지.

사랑을 찾아
미친 듯이 질주하다

처음《설득》을 읽었을 때는 바스에 꼭 가 보고 싶다는 생각이 들지는 않았다. 그저 돈 있는 사람들이 휴양을 가는 도시 정도로만 생각했다.

하지만 영국 I-TV에서 만든 드라마 〈설득〉을 볼 때는 바스의 구석구석을 돌아 보고 싶다는 욕망이 강하게 일었다. 여주인공 앤이 사랑하는 남자 웬트워스를 만나기 위해 정신없이 달려가던 바스 거리를 실제로 거닐어 보고 싶었던 것이다.

《설득》은 제인 오스틴의 마지막 장편 소설이다. 그가 처음으로 구상한 소설이라 할 수 있는《오만과 편견》의 여주인공 엘리자베스가 생동감 넘치는 스물두 살의 여성이라면,《설득》의 여주인공 앤은 젊음의 활기가 조금 떨어지긴 하지만 그만큼 사려가 깊은 인물이다.

그렇다면 앤이 사랑하는 남자는? 당연히 매력적인 인물일 수밖에. 웬트워스 대령은 이미 팔 년 전에 앤에게 청혼을 했지만 무참히 거절을 당

하고 만다. 앤이 그를 좋아하지 않아서가 아니다.

가난한 해군이라는 악조건을 지적하는 주변 사람들의 설득에 마음이 약해져서 우물쭈물하다가 시기를 놓쳐 버린 것이다. 결국 웬트워스는 실연의 상처를 안고 떠난다.

그는 바다를 떠돌며 돈을 모은 끝에 부자가 되어 팔 년 만에 돌아온다. 19세기의 영국 해군은 돈도 잘 벌었던 모양이다. 어쨌든 그는 여전히 앤에 대한 사랑을 품고 있지만, 팔 년 전의 상처 때문인지 앤에게 짐짓 냉정하게 대한다. 앤은 차가워진 웬트워스 때문에 가슴앓이를 하지만, 결국은 진심이 전해지면서 사랑이 이루어진다.

사랑을 확인하고 행복에 이르기까지의 아슬아슬한 과정이 제인 오스틴 소설의 진정한 매력이라고 할 수 있겠다. 이별 많은 세상에 살고 있는 우리에게는 정말로 따뜻한 위안이 아닐 수 없다!

그래서 그런지 바스로 향하는 기차 안에서도, 바스에 도착해서 거리를 걷는 중에도, 한 여자를 오랫동안 마음에 품고 살아온 웬트워스 대령의 편지가 머릿속에서 떠나지 않았다.

나는 오직 당신만을 위해 생각하고 미래의 계획을 세운답니다. 내 열망을 조금은 아시겠지요! 당신도 짐작하셨겠지만, 만일 내게 당신의 마음을 읽을 수 있는 능력이 있었더라면 최근 열흘 동안 무작정 기다리는 일 따위는 하지 않았을 것입니다. 오, 나는 이제 더 이상 버틸 힘이 없습니다. 나는 언제부터인가 나를 압도하는 무서운 힘을

바스의 언덕길. 막상 올라가서 뒤를 돌아보니 꽤 높았다! 드라마 속 배우가 뛰던 곳이 이 오르막길이라면 엄청 힘들었을 텐데……. 연기가 아니라 정말 숨이 찬 거였나?

느끼고 있습니다……. 부디 이제 당신은 그 남자의 마음이 이 세상에서 가장 열렬하며 변함없다는 사실을 믿어 주십시오.

웬트워스의 편지를 받은 앤은 한시라도 빨리 그에게 자신의 마음을 전하고 싶어 한다. 주변 사람들이 마차를 타고 가라고 권하자, 앤은 가슴이 철렁 내려앉는다. 마차를 타고 가는 도중에 그가 걸어오고 있으면 어떻게 하지?

앤은 거리에서 웬트워스를 만날지도 모른다는 기대 때문에 마차를 거절하고 무작정 거리로 뛰쳐나간다. 그녀의 건강을 염려한 친척이 몰래 따라나선다. 하늘의 도우심일까? 곧 귀에 익은 발자국 소리가 들린다. 바로 그 남자의 발자국 소리! 뒤따라온 친척이 일을 핑계로 자리를 피하자 그곳에는 이제 둘만 남게 된다.

소설 속에서는 단조롭게만 느껴지던 장면이 드라마에서는 상당히 역동적으로 바뀐다. 앤이 바스의 거리를 미친 듯이 달린다! 숨이 턱까지 차도록 헉헉대면서.

잊을 수 없는 그 장면에서 배경이 된 건물이 내 기억 속에 뚜렷이 남아 있다. '로열 크레센트'라는 건물이다. 로열 크레센트는 바스의 대표적인 건축물로, 존 우드라는 사람이 1767년에서 1774년 사이에 설계를 했다.

크레센트는 '초승달'이라는 뜻을 지니고 있으며, 짐작대로 건물이 초승달처럼 생겨서 그런 이름이 붙었다고 한다. 1968년까지만 해도 이곳에서 숙박이 가능했단다. 하지만 지금은 바스 보호위원회 본부와 박물관으로 사용되고 있다.

로열 크레센트를 보기 위해 야트막하게 경사진 언덕을 올라갔다. 안내 표지를 따라가자 이내 드라마에서 본 낯익은 풍경이 펼쳐졌다. 내가 로열 크레센트 앞에 서 있다는 사실이 그저 신기했다.

건물을 따라 걸으며 쭉 둘러보았다. '소설 속에서 앤이 걷던 길이 여기일까?' '드라마 속에서 앤이 숨차게 달려가던 곳이 바로 여기였겠지?' 하는 생각에 새삼 가슴이 벅차올랐다.

나는 로열 크레센트 앞 공원에 서서 《설득》의 마지막 장면을 떠올려 보았다. 두 주인공이 서로의 마음을 확인한 후, 이야기를 나누며 여유롭게 걷

는 장면…… 아마도 그 장면의 배경이 된 곳이 지금 내가 서 있는 로열 크레센트로 올라오는 언덕이거나, 제인 오스틴 센터가 있는 거리일 듯했다.

바스 거리에 스민
오만과 편견

제인 오스틴이 바스에 머물렀다는 이유로, 또 그가 쓴 몇몇 작품의 배경이 되었다는 이유로 바스는 제인 오스틴의 고향처럼 알려졌다. 그래서 제인 오스틴 센터는 바스를 찾은 사람들이면 으레 들르게 되는 관광 명소다. 입장료는 우리 돈으로 약 만 사천 원쯤. 대기실과 몇 개의 전시실로 이루어져 있는데, 삼십 분마다 관람객들을 안으로 들여보냈다.

입장할 시각이 가까워 오자 안내원이 나와서 제인 오스틴의 생애를 들려주었다. 중간중간 알아듣기 어려운 부분들이 있었지만, 대략 제인 오스틴의 출생과 성장, 바스에서의 생활, 그의 소설 내용 등에 관한 이야기인 것 같았다.

우리는 가계도를 보며 제인 오스틴의 생애에 대한 설명을 들은 뒤 전시실로 들어갔다. 전시실에는 당시 분위기를 재현해 놓은 식탁이 놓여 있었

제인 오스틴의 생애

제인 오스틴은 1775년 영국의 햄프셔 지방의 스티븐튼에서 태어났다. 목사인 아버지 밑에서 여덟 명의 남매들과 함께 자라며 작가의 꿈을 키웠다. 특별히 문학 교육이나 학교 교육을 받지는 않았지만 어린 시절부터 글쓰기를 좋아해 젊은 시절에 이미 몇 편의 단편 소설을 발표했다. 1811년에 《이성과 감성》을 발표하면서 본격적으로 소설을 쓰기 시작했다. 이어 1813년에는 《첫인상》이라는 제목으로 써 두었던 소설을 다듬어 《오만과 편견》을 펴내고, 뒤이어 《맨스필드 공원》, 《에마》 등의 작품을 썼다. 그는 1801년부터 1805년까지 바스에 살았는데, 이곳을 배경으로 한 작품으로는 《노생거 사원》과 《설득》이 있다. 소설 속 사랑 이야기와는 달리 평생 독신으로 지낸 제인 오스틴은 1816년에 건강이 나빠져 윈체스터에서 요양을 했으나, 1817년 7월에 세상을 떠나고 말았다.

1833년에 출간된 《오만과 편견》의 삽화. 오른쪽이 주인공 엘리자베스, 왼쪽이 아버지 베넷 씨이다.

1 제인 오스틴이 살던 시대, 여성의 복장을 재현한 전시물. 2 제인 오스틴 센터 입구. 3 제인 오스틴 센터 안쪽의 신문 코너. 당시 발행된 신문을 볼 수 있다. 정면에 보이는 장식은 《노생거 사원》의 확대판이다. 4 제인 오스틴을 그린 초상화.

다. 하지만 제인 오스틴이 쓰던 물건이나 유품이 아닌, 당시의 거실 분위기를 재현해 놓은 것에 불과했다.

전시실에는 이런 안내판이 붙어 있었다.

1805년 4월 오스틴 부인, 카산드라와 제인은 파크 빌딩의 임대
기간이 끝나자 지금 제인 오스틴 센터가 있는 게이 스트리트 근처에
방을 얻었다.

따지고 보면 제인 오스틴이 잠시 머물렀던 거리에 제인 오스틴 센터를 세우고 세계 곳곳에서 오는 방문객을 맞이하여 그가 쓴 소설의 자취를 느끼게 하는 한편, 덤으로 각종 기념물을 판매하여 수익을 올리고 있는 셈이었다.

전시실의 내용도 그리 풍성한 건 아니었다. 제인 오스틴이 실제로 사용하던 물건이 남아 있는 것도 아니니까. 다만 당시의 바스가 어떤 도시였는지, 사람들의 살림살이는 어땠는지, 소설 속에 그려진 바스의 풍경은 어땠는지, 그때 사람들은 어떤 옷을 입고 어떻게 생활하고 있었는지를 간접적으로 느낄 수 있을 뿐이었다.

물론 제인 오스틴의 소설을 좋아하는 사람이라면 그 시대를 몸으로 느끼기에 부족함이 없었다. 나 역시 소설의 내용을 떠올리며 전시물들을 즐겁게 구경했으니까.

사실 상업적이라는 걸 뻔히 알면서도, 매장에 들러 기념품을 사는 재미

는 언제나 쏠쏠했다. 이번에도 어김없이 지름신이 강림했다. 나는 《오만과 편견》의 남자 주인공인 다시의 얼굴이 그려진 머그 컵을 샀다. 물론 영국 BBC 방송사에서 만든 드라마 〈오만과 편견〉의 주인공, 영국 배우 콜린 퍼스의 얼굴이 찍혀 있는 컵이었다. 거기에 다시의 멋진 대사 한 구절이 영어로 쓰여 있었다. 내 놀라운(?) 영어 실력으로 번역을 하면 대충이런 뜻이었다.

"내가 여기에 온 진정한 목적은 당신의 사랑을 얻을 수 있는지,
당신을 만나 가늠해 보고 싶어서였습니다."

우여곡절 끝에 두 사람이 서로의 사랑을 확인하게 되는 마지막 장면에서 다시가 엘리자베스에게 하는 말이다. 나중에 우리나라에 돌아와서 컵을 사용할 때마다 남자 주인공의 얼굴을 한 번 보고, 대사를 한 번 읽고 커피를 마시니 맛과 향이 더 좋아지는 느낌이었다.

그런데 영원한 것은 없단 말인가! 육개월 동안 그토록 애용했던 컵을 결국에는 깨 먹고 말았다. 마치 내 사랑(?)이 저만치 떠나가는 것처럼 마음 한 자락이 알싸하게 아팠다. 아, 이럴 줄 알았으면 깨

1 여행에서 돌아와 찾아본 로열 크레센트 건물. 2 우리가 로열 크레센트 건물로 착각한 서커스 건물. 비슷하게 생겼다고 생각한 건 나만의 착각일까?

지기 전에 사진이라도 찍어 두는 건데.

그런데 아뿔싸! 버스 여행의 마지막 순간에야 알게 되었다. 우리가 소설과 드라마의 장면장면을 떠올리며 감상에 젖어 부지런히 거닐었던 건물이 로열 크레센트가 아니었다는 것을!

우리가 본 건물은 같은 사람이 설계한 '서커스'라는 건축물이었다. 이런, 어이없는 삽질의 연속이라니. 그런데 아무리 생각해 봐도 두 건물이 정말이지 비슷하게 생겼다! 여행 안내 책자를 보고서도 구별을 못 할 정도였으니……. 결국 진짜 로열 크레센트는 두 눈으로 직접 보지 못하고 돌아온 셈이었다.

여행이 끝나고 돌아와서 기억을 더듬어 보면, 참 우스우면서도 부끄러운 순간이었던 것 같다. 비슷하게 생긴 다른 건물 앞에서 소설과 드라마 속 장면을 떠올리며 감동에 빠져 있었다니. 마치 경복궁을 보러 온 외국인이 덕수궁만 보고서는 조선 시대 궁궐을 다 본 듯 착각하고 돌아간 것과 다를 바가 없었다.

나중에 버스에 다시 가 볼 핑곗거리가 생겼으니, 그나마 다행이라고 해야 할까?

• 바스의 또다른 볼거리

바스는 반나절이면 다 돌아볼 수 있는 작은 도시지만, 이곳저곳 꼼꼼이 들여다보면서 제인 오스틴의 자취를 느끼고 18~19세기 온천 도시의 흔적을 제대로 살펴보려면 하루를 온전히 투자해야 한다. 아무렴 세계문화유산으로 지정된 도시인데!

로마 시대 유적인 '로만 바스'에 들러도 좋다. 우리 식으로 표현하면 로마식 목욕탕(?) 정도 되겠다. 웅장한 건물, 커다란 욕조, 화려한 모자이크 세공 바닥, 박물관 등이 볼거리라는데 우리는 한 사람당 이만 원이 넘는 입장료가 아까워 들어가지 않았다. 하지만 다시 생각해 보니 참 바보짓을 한 것 같다. 여행할 때는 딱히 합리적인 소비가 아니라 해도 다양한 시도를 해 볼 만한데 말이다.

홈페이지_ http://visitbath.co.uk
주　　소_ Abbey Chambers, Abbey Churchyard, Bath, BA1 1LY
개관 시간_ 월~토 9:30~17:30 일요일 10:00~16:00

• 우리나라 소설의 배경이 된 온천은 없을까?

2011년에 세상을 떠난 박완서 작가가 1975년에 발표한 단편 〈겨울 나들이〉가 충청남도 아산에 있는 온양 온천을 배경으로 하고 있다. 한국 전쟁으로 마음의 상처를 입은 사람들이 그 상처를 극복해 가는 과정을 담고 있는 소설이다. 단편 소설이지만 역사와 시대상을 고스란히 담고 있는 만큼, 내용을 곱씹어 가며 읽어야 한다! 백 년 이상 시간 차이가 나긴 하지만, 그래도 제인 오스틴 소설의 배경인 바스와 온양을 비교하며 한 번쯤 읽어 보는 것도 재미있는 경험이 될 듯하다.

제인 오스틴의 작품과
18세기 무도회

제인 오스틴의 소설에 빠지지 않고 등장하는 장면이 바로 남녀가 만나 춤을 추는 무도회장이다. 소설 속의 여러 사건들이 무도회장에서, 또는 무도회에서 알게 된 사람들을 통해 발생한다. 워낙 묘사가 뛰어나서일까? 소설을 읽다 보면 제인 오스틴 역시 무도회를 즐긴 것이 아닐까 하는 생각이 들기도 한다.

제인 오스틴이 스무 살 무렵, 오빠와 함께 런던에 머무르면서 언니에게 이런 편지를 써서 보냈다고 한다.

'런던이라는 유흥의 장소에 있다 보니, 품행이 타락하기 시작했어.'

그렇다면 과연 18세기 후반 영국의 무도회장은 어떤 분위기였을까? 당시 무도회장은 가문이 좋아야 참석할 수 있었고, 파티복을 잘 차려 입어야 부끄럽지 않은 대접을 받을 수 있었다. 제인 오스틴은 소설 속에서 가문과 경제력 중심의 무도회장 문화를 '속물스럽다'며 살짝 비꼬기도 했다.

어쩌면 오늘날 클럽 문화와 비슷해 보이기도 한다. 클럽 역시 남녀가 만나 춤을 즐기는 공간이라는 점, 클럽에 들어가려면 최신 유행 복장을

해야만 입장이 가능하다는 점에서 클럽은 무도회장의 연장선상에 있는 건지도 모르겠다.

물론 18세기 중반만 해도 젊은 남녀가 얼굴을 맞대고 인사를 나눌 수 있는 장소가 많지 않았기 때문에 무도회장이 공식적인 사교 장소로 이용되었고, 부모가 함께 참석하는 경우가 많았다는 점에서 오늘날 클럽 문화와는 어느 정도 차이가 있다고 하겠다.

하지만 무엇보다도 18세기 영국에서는 무도회장에 보내려고 부모들이 자녀의 등을 떠밀었던 반면, 지금의 클럽은 부모님이 인상부터 찌푸리는 장소라는 점이 가장 큰 차이점일 것이다!

1 무도회에 참석한 남녀의 복장. 영국 화가 로린다 샤플즈의 1817년 작품 속 한 장면이다. 2 영국 드라마 〈오만과 편견〉의 무도회 장면. 당시 무도회의 모습이 어떤지 알 수 있다.

영국 문학의 성지, 폭풍의 언덕

브론테 자매를 키운
하워스 마을

관련 작가 샬럿 브론테, 에밀리 브론테, 앤 브론테
관련 작품 《제인 에어》, 《폭풍의 언덕》
여행 명소 브론테 박물관, 폭풍의 언덕

세계 명작의 고향
하워스 마을

드디어 하워스 마을에 간다! 워더링 하이츠, 즉 '폭풍의 언덕'으로 잘 알려진 마을. 이번 문학 여행에서 가장 가 보고 싶은 곳을 꼽아 보라면 단연 첫 번째에 드는 곳이다.

영국 문학을 이야기할 때 빠질 수 없는 세 자매가 있다. 모두 영국 문학사에 깊이 이름을 새긴 뛰어난 작가들이다. 샬럿 브론테와 그의 여동생인 에밀리 브론테, 그리고 앤 브론테. 샬럿은 가난한 여인이 행복을 찾기까지의 삶을 그린《제인 에어》를, 에밀리는 광적인 사랑을 담은《폭풍의 언덕》을, 앤은 19세기 가정 교사 문학의 대표작이라 불리는《아그네스 그레이》를 썼다.

세 작품 모두 어디서 들어 봄직한 무난한 사랑 이야기는 아니다. 그 작품들 안에는 격정적인 감정이 담겨 있고, 시대가 담겨 있고, 인간에 대한 오묘한 통찰이 담겨 있다.

청소년 시절에 세계 명작이라 이름 붙은 책들을 읽기 시작하면서《제인 에어》와《폭풍의 언덕》을 접했다. 하지만 작품에 담긴 깊은 의미를 제대로 이해하지 못한 채, 아릿한 충격과 안타까움을 느끼며 사랑 이야기에만 젖어들곤 했다. 그런 감정이 무엇 때문에 일어나는지도 잘 모르는 때였는데 말이다.

조금 커서는 세 자매가 살던 마을과 그 주변의 숲이 작품의 배경이라는 이야기를 듣고 '언제고 한 번 그곳에 가 보리라.' 며 막연한 동경을 품었다.

이번에 영국 문학 여행을 계획할 때도 이곳이 가장 먼저 떠올랐다. 브론테 자매의 작품들이 탄생한 곳을 생생하게 경험하고 싶었다. 게다가 '폭풍의 언덕' 하면, 그야말로 영국 문학의 성지가 아니던가?

여섯 명이 한 방에서 복작거리던 런던의 호스텔을 떠나 하워스 마을과 가까운 요크의 한적한 숙소에 머물고 있노라니, 삶의 질이 한 단계 올라선 듯한 느낌이 들었다. 런던에서 머물던 호스텔의 아침 식사는 빵과 우유, 시리얼과 커피가 전부였다. 그런데 요크의 숙소에는 영국식 아침 식사가 제공되었다! 따끈따끈한 베이컨과 소시지, 콩과 구운 토마토가 접시에 올라와 있고, 토스트와 오렌지 주스, 커피도 마음껏 먹을 수 있었다.

나는 든든히 배를 채우고 하워스 마을로 가는 차편을 알아보기 위해 기차역의 안내소로 향했다.

"영어가 서툴러서 천천히 말할게요. 하워스 마을에 가려고 하는데, 처음이라 차편을 정확히 모르겠어요."

예쁘장한 역무원 아가씨가 컴퓨터를 두드리더니 무언가를 종이에 출력해서 내밀었다. 기차 시간표였다.

"여기에서 출발하는 기차가 있어요. 리즈에서 내리면 케일리로 가는 기차가 있고요. 케일리에서 내려 버스로 갈아타면 돼요."

그리고 친절하게도 한마디 덧붙였다.

"당신 영어 서툴지 않아요. 그 정도면 훌륭해요."

아싸, 영국에서 영어를 잘 한다는 칭찬을 받다니! 역시 첫인상이 좋더라니, 흐흐! 그러다 곧 묘한 기분이 들었다. 이번에 여행을 하면서 지나가는 사람들에게 길을 물어본 일이 아주 많았다. 대체로는 인상을 찌푸리며 무슨 말인지 되묻곤 했다. 가끔씩은 전혀 못 알아듣겠다는 표정을 노골적으로 지어 보이기도 했다. 이건 혹시 친절한 역무원의 접대용 인사말인가? ㅠㅠ 칭찬을 받고도 당황스런 이 기분은 뭐지?

아무튼 역무원의 말대로 리즈에서 기차를 갈아타고 케일리에서 내렸다. 건너편 플랫폼을 살펴보니 여느 기차역과 달리 울긋불긋하고 아기자기했다. 아, 여기가 바로 증기 기관차가 서는 기차역이로구나!

아이들은 동화 속에나 나올 법한 예쁜 역과 증기 기관차에 마음이 설레는 모양이었다. 한 량짜리 증기 기관차를 타고 하워스로 향하다니, 참으로 운치 있는 여행이었다.

곧 기차가 하워스에 도착했다. 기차역에 새겨진 하워스 마을의 표지.

1 한 량짜리 증기 기관차. 영화에서만 보던 거대한 증기 기관차를 상상했는데, 이렇게 앙증맞은 기차일 줄이야. 2 하워스 마을을 알리는 기찻길 옆 표지. 개성 있게 벽돌로 만들었다. 3 케일리 역에 있는 증기 기관차 역.

드디어 브론테 자매의 고향에 왔구나!

샬럿을 고스란히 닮은
《제인 에어》

브론테 자매가 살았던 마을인 하워스는 산과 들판으로 첩첩이 둘러싸여서 그야말로 황량하고 외딴 느낌이 들었다. 걷다 보니 무늬만 산악 지대가 아니었다. 언덕을 오르고 공원을 지나, 다시 또 언덕길을 한참 올라가서야 겨우 하워스 마을에 도착할 수 있었다.

하워스 마을에 이르니 현대식 건물은 하나도 보이지 않고, 거뭇거뭇한 돌들로 만들어진 자그마한 집들이 늘어서 있어 예스러운 느낌이 들었다.

그런데 거리 곳곳에서 브론테 자매의 흔적이 묻어났다. 민박집, 찻집 할 것 없이 곳곳에 브론테라는 이름이 박혀 있어서, 잘 모르는 사람도 '아, 브론테 자매가 살던 마을이구나!'라는 걸 단박에 알아차릴 수 있을 정도였다.

브론테 자매의 아버지가 목사로 일하던 교회 앞에 이르렀다. 맞은편에 건물 하나가 있는데, 안내 표지판에 '샬럿 브론테는 1932년에 세워진 이 학교에서 아이들을 가르쳤다. 브론테 협회의 도움으로

1966년 복원되었다.'라고 쓰여 있었다.

소설《제인 에어》의 주인공 제인도 학교에서 아이들을 가르쳤다. 샬럿의 경험이 책 속에 녹아 있다는 걸 알 수 있었다. 가만히 생각해 보니 영화 〈제인 에어〉에서 이 건물을 본 듯한 느낌이 들었다. 이곳에서 촬영한 것일까? 확신할 수는 없었지만, 이 건물을 모델로 비슷한 분위기를 살리려고 했을 테지.

그러고 보니 샬럿은 소설 속 제인처럼 사랑의 아픔을 겪은 적이 있었다. 벨기에에 있는 에제 기숙 학교에 있을 때 교장인 에제를 짝사랑했던 것이다. 샬럿이 겪었던 실연의 아픔과 학교를 세워 가르친 경험을 생각해 보면, 작가의 체험이 소설에 어떤 식으로든 녹아드는 게 맞나 보다.

무엇보다《제인 에어》는 고아 소녀의 슬픔이 고스란히 전달되는 책이었다. 부모님이 돌아가신 데다 돌봐주던 숙부마저 세상을 떠나 숙모 가족과 함께 살게 된 제인. 사촌들은 제인을 심하게 괴롭힌다. 특히 사내아이 존은 제인에게 손찌검까지 한다.

결국 제인은 숙모 집을 떠나 로우드 학교에서 여러 사건을 겪으며 성장한다. 그리고 손필드 저택에서 가정교사로 일하다가 무뚝뚝한 주인 로체스터에게 사랑을 느끼고 결혼을 결심한다. 그러나 결혼식 날, 로체스터에게 정신이 나간 부인이 있음을 알게 된다. 마음의 상처를 안고 무작정 손필드 저택을 떠나 황무지를 배회하는 제인. 방황하던 제인은 무어하우스에 사는 세인트 존에게 구조된 뒤 그에게서 청혼을 받는다.

그러던 어느 날, 고민에 빠진 제인의 귓가에 로체스터의 고통스런 비명

¹ 브론테 이름이 붙은 찻집. 하워스 마을 곳곳에서 브론테 이름이 붙은 가게들을 찾아볼 수 있다. ² 샬럿의 남동생 브란웰이 즐겨 다녔다는 술집, '블랙 불'. 날씨가 흐려서 그런지 조금 스산해 보인다. ³ 교회에 딸린 묘지. 브론테 자매가 머물던 방에서 내려다보인다.

소리가 들려온다. 제인은 손필드 저택으로 돌아가, 불이 난 집에서 부인을 구하려다 눈이 멀어 버린 로체스터를 만나게 된다. 두 사람은 오랜 시련 속에 사랑을 찾고 행복해진다.

내 어린 시절의 독서는 참 단순했다. 주인공의 불행에 울고, 행복에 웃고. 시간이 한참 흐른 뒤에 《제인 에어》를 다시 읽어 보았다. 그제야 여성으로서 자신의 모습을 깨달아 가는 제인 에어가 보였다.

> "나는 감정도, 영혼도 없는 기계인 줄 아세요? 내가 가난하고 평
> 범하다고 해서, 또 못생기고 활기도 없는 사람이라고 해서 그렇게
> 생각하셨나요? 그렇다면 잘못 생각하셨어요!"

마음을 떠보려는 로체스터에게 강하게 저항하는 제인의 모습이 보였다. 그리고 사랑보다는 자존감을 지키기 위해 로체스터를 떠나는 장면에서 제인의 강인한 의지와 슬픔을 엿볼 수 있었다.

붉은 방에서부터 시작된 제인의 여정은 로우드 학교, 손필드, 무어하우스로 이어진다. 타인의 억압에서 하나씩 하나씩 벗어나며 성장하는 셈이다. 드디어 마지막 공간인 펀딘 저택에서 제인은 동등한 사랑과 자유를 찾는다.

예전에는 단지 매력적인 남성으로만 생각되던 로체스터에게서도, 제인을 좋아하는 사람이라고 여겼던 세인트 존에게서도 제인이 극복해야 할 억압적인 남성상을 발견할 수 있었다. 또 제인의 사랑을 방해하는 반

쯤 미친 인물로 여겼던 로체스터의 부인 버사가 영국 식민지 출신의 혼혈 '클레올'로 설정된 데에 인종적 편견이 깔려 있다는 사실도 알게 되었다.

아, 단순한 사랑 이야기로 생각했을 때는 가슴 졸이며 읽었던 소설인데! 조금 더 눈을 들어 쳐다보면 다른 세상이 보인다고 했던가? 《제인 에어》는 읽을 때마다 또 다른 세계를 보여 주는 매력적인 작품이다.

에밀리 브론테와 폭풍의 언덕

에밀리의 기쁨이었던, 멀리 바라보이는 풍경을 둘러보았을 때 그녀는 푸른빛을 내는 희미한 안개 물결과 지평선의 그림자 속에 있었다. 언덕 마을의 침묵 속에서 한때 내가 사랑했으나 이제는 감히 읽어 낼 수 없는 시들이 내 마음속으로 다가왔다.

샬럿이 사랑하는 동생 에밀리가 세상을 떠난 뒤 하워스의 숲에 대해 쓴 글의 한 구절이다. 사랑하는 동생이 죽은 후 함께 거닐던 언덕을 바라보는 샬럿의 가슴은 얼마나 아렸을까? 바로 그곳, 우리는 에밀리의 기쁨이었던 언덕을 향해 걷고 있었다. 우리가 흔히 '폭풍의 언덕'이라고 부르는 곳을 향해서.

목사관을 개조해서 만든 박물관에서 나와 좁다랗고 아름다운 길을 따

브론테 남매의 비극적인 운명

브론테 집안의 흔적이 곳곳에 남아 있는 마을을 거닐다 보면 작은 감동이라고 해야 할지, 아니면 의문이라고 해야 할지 모를 감정이 느껴진다. 한 집안에 천재적인 재능을 타고난 남매들이 동시에 태어났다는 축복과, 한 명도 빠짐없이 젊은 나이에 죽었다는 비극적인 운명이 너무나 선명하게 대비되기 때문이다.

샬럿 브론테의 부모는 1남 5녀를 두었는데, 어머니 마리아는 샬럿이 네 살 때 세상을 떠난다. 마흔이 채 되지 않는 나이였다. 샬럿의 두 언니인 마리아와 엘리자베스도 각각 열두 살, 열한 살에 죽었다. 남은 세 자매인 샬럿, 에밀리, 앤은 작가로 자신의 재능을 유감없이 발휘했고, 또 빼어난 작품들을 남겼다.

그런데 천재들은 수명이 짧다는 속설이 정말인 것일까? 천재로 여겨지던 샬럿의 남동생 브란웰은 폐인처럼 술과 도박에 빠져 살다가 병이 깊어져 서른한 살에 세상을 떠난다. 에밀리는 오빠의 장례식 이후 비를 맞으며 황무지를 헤매다가 병에 걸리고, 삼 개월 뒤인 서른 살에 세상을 떠난다. 브란웰의 폭풍 같은 삶이 동생인 에밀리에게 큰 영향을 주었던 것 같다. 에밀리가 쓴 《폭풍의 언덕》에 등장하는 남자 주인공들의 모습에서 브란웰의 모습이 얼비치는 것처럼 느껴지기도 하니까 말이다.

그다음 해에는 에밀리와 단짝으로 지내던 동생 앤이 죽었다. 그때 나이가 스물아홉이었다. 샬럿은 남매를 다 떠나보내고 육 년 뒤인 서른여덟에 세상을 떠났다. 그나마 브론테 남매 중에서는 가장 오래 산 셈이다.

사실 브론테 남매가 살았던 19세기 초반, 하워스 마을에 사는 주민들의 평균 수명은 스물다섯 살 안팎이었고, 유아 열 명 중에서 네 명 이상이 여섯 살 이전에 사망할 정도였다고 한다. 브론테 남매의 더 많은 작품들을 볼 수 없다는 건 안타깝지만, 그들의 비극적인 죽음이 당시에는 일반적인 일이었는지도 모르겠다.

브란웰이 그린 브론테 자매의 초상. 중간에 지워진 듯 보이는 부분이 브란웰 자신의 모습이었다고 전해진다.

라 조금 걷자 시원한 숲길이 펼쳐졌다. 왼쪽으로는 나지막한 언덕이 길게 이어져 있었고, 오른쪽으로는 목장과 마을이 보였다. 양들이 초록 벌판 위에 한 점 한 점 흩어진 구름처럼 한가롭게 풀을 뜯고 있었다.

산길은 평탄하면서도 잔잔하게 펼쳐졌다. 우리나라 산길을 떠올리면 돌길을 오르고, 나무 우거진 계곡도 지나고, 구불구불 경사진 언덕도 오르내릴 텐데 영국의 산길은 그저 평탄하게 뻗어만 있었다.

"산악 지대라고 하더니, 뭐 그냥 언덕이잖아!"

그런데 말이 씨가 된 걸까? 우리가 한 얘기는 조금 뒤에 쑥 들어갔다. 산길을 오르다 돌아보니 구릉이 첩첩이 이어져 있었던 것이다. 낮지만 상당히 멀리까지 넓게 펼쳐져 있었다.

1 브론테 박물관을 알리는 표지. 글을 쓰는 여성의 모습을 나타내고 있다. 2 박물관 정원에 있는 브론테 자매 동상. 3 폭풍의 언덕을 오르며 바라본 하워스 마을. 4 예전에 세 자매가 자주 산책을 했다고 전해지는 브론테 폭포.

우리는 언덕길을 오르며 사람보다 더 많은 양을 만났다. 양들이 산책로로 겁 없이 뛰어들어서, 사람인 내가 오히려 깜짝 놀라 양을 피해 다녔다. 브론테 자매도 산책을 하면서 양 떼와 수없이 마주쳤을 것이다. 예로부터 이곳은 양모 생산지로 유명한 곳이었으니 말이다.

"뭔가 감동이 오는데요. 브론테 자매도 이 길을 따라 걸으면서 문학 이야기도 하고, 시상도 떠올리고 했을 테니 말이에요."

함께 걷던 일행 중에 나처럼 학교에서 아이들에게 국어를 가르치는 박 선생님이 말을 건넸다. 아마도 내가 그랬듯이 어린 시절에 브론테 자매의 소설을 읽으며 바람 부는 폭풍의 언덕을 그려 본 모양이었다.

"그나저나 작가의 생가나 고향을 이렇게 문화 상품으로 잘 개발한 나라는 그리 많지 않을 거예요."

"맞아요! 홈즈 박물관은 소설 속에 등장하는 주소 때문에 만들어진 셈이고, 디킨스 박물관은 그저 죽 늘어선 집들 중 하나일 뿐인데 수많은 관광객들이 물어물어 찾아가니 말이에요."

"우리나라에는 이런 문학 명소로 어디를 꼽을 수 있을까요?"

"남원 광한루?"

고전 소설 《춘향전》의 배경인 광한루. 몽룡과 춘향이라는 소설 속 주인공이 만났던 곳이기에 꽤 많은 사람들이 그곳에서 두 주인공의 자취를 더듬는다. 그렇

브론테 다리. 여기에도 여지없이 브론테 자매와 관련한 안내문이 붙어 있다.

지만 《춘향전》을 읽고 감동을 받은 먼 나라 독자가 우리처럼 길을 묻고 물어 광한루를 찾아가지는 않으리라. 참으로 아쉬운 대목이다.

"그러고 보니 이효석의 고향, 봉평도 있네. 그 동네 막국수 가게들은 이효석 덕분에 먹고사는 거겠죠?"

언젠가 강원도 봉평에 갔을 때, 허 생원과 성 처녀가 만났다던 물방앗간에 들른 적이 있었다. 분명 이효석이 꾸민 소설 속 허구라는 사실을 알고 있었는데도 물방앗간 앞에 서자 나도 모르게 '음, 바로 여기로구나.'라고 생각하게 되었다. 실제 있었던 사건의 현장을 보는 느낌이랄까? 소설속의 허구란 그런 것인가 보다. 진짜같이 느껴질 만큼의 감동과 절실함이와 닿는 것.

"그런데 작가의 작품이 사람들에게 어떤 감동을 주고, 어떤 의미로 다가갔는지가 더 중요할 것 같아요. 감동을 안은 채 작가의 발자취를 찾아가는 게 더 멋진 일일 테니까요."

브론테 자매는 왜 작품을 가짜 이름으로 발표했을까?

브론테 자매는 어릴 때부터 글쓰기를 좋아했다고 한다. 자신들이 지어낸 공상 이야기를 스스로 만든 아주 작은 책에 써 넣기까지 했을 정도였단다. 장난감이나 친구가 드물었던 어린 시절, 상상력만으로 재미있게 보낸 시간들이 작가로서의 기본기를 만든 셈이다.

세 자매가 가장 먼저 세상에 내놓은 책은 소설이 아니었다. 샬럿이 스물아홉 살이던 1845년, 에밀리의 시를 읽고 놀란 세 자매는 시집을 출간하기로 마음먹는다. 제목은 《커러, 엘리스, 액턴 벨의 시집》이었다. 당시는 여성 작가에 대한 편견과 차별이 심하던 때였기에, 자신들의 원래 이름을 감추고 중성적인 느낌의 가명을 써서 출판한 것이다. 샬럿은 샬럿 브론테(Chalotte Bronte)라는 이름 대신 커러 벨(Currer Bell)이란 이름을 썼는데, 앞글자인 C와 B는 그대로 사용한 흔적을 찾을 수 있다. 커러 벨이 샬럿, 엘리스 벨이 에밀리, 액턴 벨이 앤의 가명이었다.

세 자매가 공동으로 작업한 첫 시집의 반응은 신통치 않았다고 한다. 하지만 세 자매는 여기에 굴하지 않은 채 계속 집필을 했고, 결국 1847년 10월, 샬럿의 《제인 에어》가 세상에 나온다. 샬럿이 서른두 살 때의 일이다. 《제인 에어》도 역시 가명으로 출판되었는데, 출판과 동시에 베스트셀러가 되면서 사람들이 커러 벨이라는 작가의 정체를 밝히려고 법석을 떨었다는 이야기도 전해진다.

에밀리의 《폭풍의 언덕》과 앤의 《아그네스 그레이》도 두 달 뒤 함께 출판되었다. 《폭풍의 언덕》은 에밀리 브론테의 유일한 작품이다. 출간 당시에는 이해하기 어렵다거나 야만적이라는 혹평을 들었지만, 지금은 인간의 본성을 파헤친 작품으로서 영문학 소설 중 최고봉이라는 평가를 받고 있다. 안타깝게도 에밀리는 《폭풍의 언덕》이 출판된 지 두 해 뒤에 죽었기 때문에, 살아생전에 언니만큼 유명세를 타지는 못했다.

브론테 자매의 가명 사인. 위에서부터 커러, 엘리스, 액턴 벨이다.

어느덧 브론테 다리에 이르렀다. 브론테 자매가 항상 건너다닌 다리여서 브론테 다리라고 불린다고 한다. 잠시 다리 옆 바위에 앉아 쉬었다. 브론테 자매도 산책하다 쉬면서 물줄기를 바라보고 손을 담가 보았을 것이다. 백 년 남짓한 시간이 흘렀을 뿐이니, 풍경은 그때와 크게 다르지 않으리라.

지독한 사랑의
소용돌이 속으로

브론테 다리 옆에 너무 오래 앉아 있었나? 이러다가 폭풍의 언덕 꼭대기까지 올라가지 못할 것 같아서 서둘러 발걸음을 재촉했다. 가는 길에 마주친 사람들에게 물어봤더니 두세 시간은 족히 걸릴 거란다.

"아무래도 못 갈 것 같네요."

이렇게 말하면서도 우리는 조금씩 조금씩 폭풍의 언덕 쪽으로 발걸음을 옮기고 있었다. 8월 초인데도 끊임없이 바람이 불어와서 전혀 덥지 않았다. 심지어 오르막을 오르는 길인데도! 아마 겨울철 폭풍의 언덕은 차가운 바람 때문에 끔찍할 것만 같았다.

《폭풍의 언덕》의 원래 제목은《워더링 하이츠》. 눈 앞에 보이는 언덕의 지명이다. '워더링(Wuthering)'이란 요크셔 지방 사투리로 '바람이 많은'이란 뜻이고, '하이츠(Heights)'는 '높은 지대'쯤으로 옮길 수 있겠다. '폭풍의 언덕'이라는 번역이 조금 과한 듯한 느낌도 들지만, 작품 속 두 주인공들의 격정을 생각하면 고개를 끄덕일 수밖에 없다.

《폭풍의 언덕》은 겹겹이 싸인 양파 같은 이야기이다. 소설은 주인공인 히스클리프에게 저택을 빌린 록우드란 사람의 시선으로 시작된다. 그리고 그가 겪은 기이한 체험을 통해 가정부 넬리 딘의 회상이 시작된다. 워더링 하이츠의 언쇼 집안과 스러시크로스의 린턴 집안에 얽히고설킨 사랑과 증오의 역사가 담겨 있는.

워더링 하이츠의 주인 언쇼 씨는 부모 잃은 소년을 데려와 히스클리프라 이름을 지어 주고 아들처럼 키운다. 하지만 언쇼 씨가 죽고 난 후, 언쇼 씨의 친아들 힌들리는 히스클리프를 학대한다. 언쇼 씨의 딸 캐서린만이 변함없이 히스클리프를 사랑한다.

그러나 린턴 집안의 아들인 에드거를 만난 캐서린은 야생을 상징하는 듯한 히스클리프와 문명 세계를 대표하는 듯한 에드거 사이에서 갈등한다. 히스클리프는 우연히 캐서린이 가정부 넬리에게 하는 말만 듣고 캐서린에게 배신당했다는 오해를 하고는 몰래 떠나 버린다.

삼 년 뒤, 히스클리프는 부자가 되어 폭풍의 언덕으로 돌아온다. 그동안 캐서린은 에드거와 결혼을 했고, 힌들리는 아내가 죽고 난 뒤 아들인 헤어턴과 살고 있었다. 복수심에 불타던 히스클리프는 자신을 학대했던 힌들리를 도박으로 파멸시키고, 워더링 하이츠 저택을 손에 넣는다. 또한 에드거의 동생이자 캐서린의 시누이인 이사벨라를 유혹해 결혼한 다음,

폭풍의 언덕. 말 그대로 사진기 셔터를 누르면 영화의 한 장면이 될 것만 같다.

그녀를 볼모로 에드거마저 괴롭히려는 무서운 복수극을 계획한다.

결국 부모 세대의 애증은 자손에게로 이어진다. 이사벨라는 히스클리프와의 사이에서 얻은 아들 린턴을 기르다가 죽고, 캐서린과 에드거 역시 딸 캐시 하나만을 남기고 세상을 떠난다. 한편, 히스클리프는 아들 린턴을 구슬려 스러시크로스 저택마저 자기 손에 넣는다. 그리고 병약한 아들 린턴과 성장한 캐시를 강제로 혼인시킨다. 히스클리프는 힌들리의 아들 헤어턴에게 일말의 애정을 느끼기도 하지만, 그를 날짐승처럼 키우며 대를 거듭해 복수한다.

홀로 남은 히스클리프는 캐서린의 영혼을 찾아 밤낮없이 황무지를 헤매다가 죽는다. 그리고 병약한 린턴이 죽고 캐시와 헤어턴의 사랑이 이루어진다. 두 집안의 사랑과 증오는 그렇게 막을 내린다.

성도 없이 이름만 가졌던 히스클리프. 히스 꽃과 절벽이라는 뜻을 합해 만든 이름이다. 에밀리는 어떻게 그런 인물을 만들어 냈을까? 출신을 알 수 없는 집시이자, 오로지 복수를 위해 부자가 되어 나타난 사람. 그리고 한 여자를 미친 듯이 사랑해서 폭풍우 몰아치는 산길을 헤매고, 무덤을 파헤치고, 그리움에 유령이라도 만나고 싶어 한 사람.

그는 이십 년 가까운 세월을 캐서린의 영혼을 찾아 헤맨다. 복수를 위해 은인의 아들을 구렁에 빠트리고, 또 은인의 손자마저 야생마처럼 내치고, 자신의 아들을 학대하고, 사랑했던 여인의 딸조차 함부로 대한다. 사랑의 고통을 안고 평생을 보낸 히스클리프!

"내가 집 안에 앉아 있을 때는 밖에 나가면 그녀를 만날 것만 같고, 들판을 쏘다니고 있을 때는 그녀가 날 만나러 집으로 올 것만 같아서 바깥에 오래 머물 수가 없어. 그래서 멀리 나가도 급히 돌아오는 거야. 캐서린이 워더링 하이츠 어디선가 헤맬 것만 같아서 말이야! 그녀의 방에 누울 때면 잠을 잘 수가 없었지. 눈을 감으면 그녀가 창밖에 어른거리는 거야. 난 하룻밤에 백 번도 넘게 눈을 감았다 떴다 해. 그리고 늘 실망하지!"

언덕길을 올라가며 연방 주변을 두리번거렸다. 행여나 어딘가에 히스

언쇼 씨
(1777년 사망)

+

언쇼 부인
(1773년 사망)

린턴 씨
(1780년 사망)

+

린턴 부인
(1780년 사망)

힌들리 언쇼
(1757~1784)

+

프란세즈
(1778년 사망)

캐서린 언쇼
(1765~1784)

+

에드거 린턴
(1762~1801)

이사벨라 린턴
(1765~1797)

+

히스클리프
(1764~1802)

헤어턴 언쇼
(1778년 출생)

캐시 린턴
(1784년 출생)

+

린턴 히스클리프
(1784~1801)

1

1 《폭풍의 언덕》에 등장하는 인물들의 관계도. 19세기에 만들어진 것으로 추정되는 인물의 초상화는 익명의 화가가 그렸다고 한다. 가상의 인물을 초상화로 그리기까지 하다니, 소설의 영향력이 우리가 상상하는 것 이상으로 컸던 모양이다. 자신이 상상한 주인공 모습과 얼마나 비슷한지 비교해 보자. 2 에밀리 브론테의 습작 노트. 시가 쓰여 있다.

2

꽃이 피어 있지는 않을까 해서였다. 보라색 꽃을 발견하고 달려갔지만 이름을 알 수 없는 다른 꽃이었다. 4월에서 6월 사이에 핀다는 히스 꽃을 8월에 찾으며 놀고 있자니 우습기도 했지만, 한편으로는 몸과 마음이 평화로워지는 것 같았다.

이렇게 평화롭고 아름다운 곳에서 에밀리는 어떻게 미친 듯한 사랑 이야기를 그려냈을까? 하긴 겨울이 오면 찬바람이 폭풍처럼 불어왔을 것이다. 에밀리는 변화무쌍한 영국 날씨를 겪으며 인간의 사랑이 변덕 심한 자연과 같은 것이라고 생각했을지도 모르겠다.

《폭풍의 언덕》은 앞으로도 계속 사람들에게 폭풍과 같은 사랑을 떠올리게 만들 것이다. 소설 속 이야기이건만, 히스클리프와 캐서린의 광기 어린 사랑을 떠올리며 폭풍의 언덕을 오르는 사람들의 발걸음도 계속되겠지.

굿바이, 브론테 자매

대체 사랑이라는 게 뭘까? 브론테 자매의 발자취를 따르는 내내 머릿속에서 떠나지 않는 물음이었다. 인생에서 한 번쯤 불어오는 폭풍과 같은 것일까? 하지만 모든 사람이 그렇게 모진 사랑을 겪지는 않는다. 아무리 열정적이라 할지라도 서로를 물어뜯을 듯 사랑하는 건 아닐 텐데.

갑자기 내가 가르쳤던 학생들이 떠올랐다. 입학을 하고부터 꼭 붙어 다

니던 두 아이. 날마다 싸우면서도 날마다 함께했다. 여자애가 누구와 이야기만 나누면 질투 때문에 막말을 하던 남자아이, 힘겨워하면서도 그 아이 아니면 누가 자기를 그렇게 좋아하겠느냐고 한숨을 토하던 여자아이. 그야말로 사랑과 증오가 범벅이 된 것 같은 그 아이들이 고등학교 3학년이 되면서 서로 헤어졌다는 이야기를 들었다. 그리고 한 아이가 다른 애와 사귄다는 얘기가 들리고, 졸업하고 둘이 다시 만난다는 이야기까지…….

사랑이라는 아름다운 감정이 왜 미움, 증오, 분노, 슬픔, 후회와 같은 아픔과 뒤범벅되어야 하는 건지 참 의문이다. 아마 영원히 풀리지 않는 수수께끼 같은 것이겠지. 어느 날 수수께끼가 풀린다면, 폭풍의 언덕에 오르는 사람이 확 줄어들게 될지도 모르겠다.

조금만 더 가면 꼭대기일 텐데, 우리는 남은 길을 바라보며 안타깝지만 발걸음을 되돌렸다. 점점 작아지는 하워스를 돌아보며 아쉬운 마음에 갖은 생각들이 머릿속을 맴돌았다.

꼭대기까지 올라가 보지 못한 아쉬움 때문이었을까? 아니면 작품과 실제 '폭풍의 언덕'의 분위기가 하도 딱 맞아떨어져서 그런 것이었을까? 나는 영국에서 돌아오고 나서도, 한동안 바람 부는 날이면《폭풍의 언덕》생각에 나도 모르게 그리움이 솟구치곤 했다.

• 둘레길 걷듯, 폭풍의 언덕으로

소설 속 '폭풍의 언덕'의 배경이 된 언덕 꼭대기에 오르는 길은 비교적 완만해서 쉽게 오를 수 있다. 다만 시간을 넉넉하게 잡아야 한다. 왕복 네 시간 정도? 왕복 네 시간이 쉽게 오를 수 있는 길이냐고? 그 정도 수고할 가치가 있다! 간단한 도시락을 준비하면 더욱 힘이 날 듯. 하워스 마을에서 폭풍의 언덕까지 산책을 하고, 마을에서 하룻밤 머물면 더욱 좋겠다. 19세기 흔적이 물씬 풍기는 가게 구경도 빼먹지 말자.

여행 중 여기저기에 항상 아쉬움을 흘리며 다녔지만, 폭풍의 언덕 끝까지 오르지 못한 게 가장 아쉬웠다.

브론테 박물관에서 브론테 폭포까지_ 왕복 약 8km, 2시간 30분 이상
브론테 박물관에서 폭풍의 언덕까지_ 왕복 약 10km, 3시간 30분 이상

엽서로 살펴보는
에밀리 브론테의《폭풍의 언덕》

　브론테 박물관에서는 브론테 자매의 작품과 관련된 많은 소품들을 판매하고 있었다. 거기에서 발견한 그림 엽서!《제인 에어》도 있고《폭풍의 언덕》도 있었는데, 어느 하나만 고르기 애매해 두 장을 다 사 버렸다. 책을 읽은 사람이라면 엽서의 내용을 읽지 말고, 그림만 보며 어떤 장면인지 맞춰 보는 것도 재미있을 것이다.

　그런데《폭풍의 언덕》엽서를 보면서 살짝 아쉬웠다. 마지막 열 번째 그림이 내가 생각했던 장면이 아니었던 것이다. 책을 읽던 캐시의 머리카락과 헤어턴의 머리카락이 서로 엉키던 순간, 넋 놓고 캐시를 바라보는 헤어턴. 그리고 그 둘의 모습을 보며 자신의 사랑을 떠올리는 히스클리프. 언쇼 집안과 린턴 집안의 사랑과 증오가 마무리되던 그 아름다운 장면을 마지막에 넣었어야지! 엽서를 볼 때마다 개인적으로 아쉬움이 남았다.

　그럼《폭풍의 언덕》내용을 요약한 엽서의 그림 열 장면을 따라가 보자. 응? 그러면 막상 책을 읽을 때 싱겁지 않겠냐고? 이미 앞에서 내용 요약을 다 들었는데, 이제 와서 뭘.

장난치는 말괄량이 캐서린과 뒤에서 쳐다보는 히스클리프.

아버지가 돌아가시고 나자, 힌들리는 히스클리프를 학대한다.

왼쪽이 힌들리의 아들 헤어턴을 안고 있는 유모 넬리. 오른쪽이 성숙해진 캐서린. 이 둘의 이야기를 엿들은 히스클리프는 오해를 하고 복수심을 불태우며 워더링 하이츠를 떠난다.

삼 년 뒤, 에드거와 결혼한 캐서린 앞에 나타난 히스클리프. 복수가 시작된다!

히스클리프에게 속아서 결혼한 에드거의 동생 이사벨라. 히스클리프와 힌들리가 다투는 틈을 타서 도망친다.

워더링 하이츠 저택에서 도망치려는 캐시.

어머니를 빼닮은 캐시와 병약한 린턴의 만남.

에드거와 캐서린의 딸 캐시를 만난 히스클리프.

도망친 이사벨라가 낳은 린턴은 어머니가 죽자 아버지 히스클리프 밑에서 자라게 된다.

캐시를 못마땅해 하는 히스클리프와 이를 말리는 장성한 헤어턴. 결국 캐시와 헤어턴이 사랑에 빠지는 장면으로 이야기가 마무리된다.

6

The Writers' Museum

스코틀랜드 작가들의 고향

지킬 박사와 하이드가 태어난 에든버러

아수라 백작 느낌인데?

지킬 앤 하이드 대∽박!

관련 작가	로버트 스티븐슨, 월터 스콧
관련 작품	《지킬 박사와 하이드》, 《보물섬》, 《웨이벌리》
여행 명소	에든버러 성, 에든버러 대학, 로열 마일

아름다운 도시의
오싹한 역사

폭풍의 언덕을 뒤로하고, 요크에서 기차를 타고 에든버러로 향했다. 가는 동안 창밖으로 펼쳐지는 경치는 가도 가도 푸른 목초지와 파란 하늘과 양 떼뿐이었다. 평화롭고 아름다운 풍경에 절로 탄성이 나왔다. 얼마나 시간이 지났을까? 계속되는 창밖 풍경에 지칠 때쯤 에든버러에 도착한다는 방송이 나왔다.

기차는 웨이벌리 역으로 들어섰다. '웨이벌리'는 작가 월터 스콧의 소설 제목이기도 하고, 또 그 소설에 등장하는 주인공 이름이기도 하다. 소설의 주인공 이름을 딴 역이라니! 우리나라에도 소설의 주인공 이름을 딴 역이 있을까? 작가의 이름을 딴 기차역은 들어 본 기억이 난다. 바로 김유정 역. 〈동백꽃〉, 〈봄봄〉 등 여러 소설을 쓴 그의 이름을 따 김유정 역으로 부른다고 한다.

그런데 역에서 나오는 순간부터 또다시 어려운 길 찾기가 시작되었다. 하필 에든버러 축제 기간과 겹치는 바람에 시내에 숙소를 구하기 어려워 변두리 쪽에다 숙소를 구한 게 화근이었다. 우리는 모르는 길을 물어물어 찾아가야만 했다. 게다가 어렵게 예약해 둔 숙소에 도착해 문을 두드리니 아무도 없었다. 근처 공중전화에서 전화를 하고 나서도 한참 뒤에야 주인이 나타났다.

하지만 막상 방을 받고 나니, 찝찝했던 기분은 확 날아가 버렸다. 여섯 명이 방 두 개를 빌렸는데 널찍하고 전망도 좋았다. 우리는 서둘러서 짐을 푼 뒤, 어디로 가야 할지 목적지도 정하지 않은 채 무작정 지도 한 장만 달랑 들고 거리로 나섰다. 조금 걷다 보니 오래된 건물 하나가 보였다. 에든버러 대학이란다.

"유럽에서 가장 오래된 대학 중 하나래. 특히 해부학과의 명성이 높았다던데……."

갑자기 등골이 오싹해졌다. 언젠가 에든버러 대학 해부학과와 관련된 무시무시한 기사를 읽은 적이 있었다. 19세기 무렵에 에든버러 대학 해부학과 강사가 시체 도굴꾼과 은밀하게 계약을 맺고 해부학 실습용 시신을 구하고 있었다. 그때 마을의 여관 주인이 밀린 방세를 갚지 않은 채로 죽은 노인의 시신을 친구와 함께 끌고 와 해부학 강사에게 팔아넘겼다. 짭짤한 수입을 얻은 두 사람은 그때부터 인간 사냥에 나섰고, 흉악한 범죄는 열여섯 명의 무고한 생명이 희생된 뒤 발각되었다. 1829년, 살인마 버크는 수천 명이 보는 앞에서 교수형을 당했다. 그리고 그의 시신 역시 해부학 실습에 쓰였다고 한다.

유서 깊은 대학 건물을 둘러보며 가장 먼저 떠오른 생각이 하필이면 악명 높은 에든버러의 역사 한 자락이라니. 하긴, 어디에나 밝은 웃음 뒤에는 우울한 눈물이 있는 법이니까.

한참을 걸어 에든버러 성문이 보이는 데까지 왔다. 여기서부터 작가 박물관, 대성당, 크고 작은 레스토랑, 갖가지 상점 들이 늘어서 있어 천천히 걸으며 구경하는 재미가 있었다. 에든버러 성문 쪽에서 홀리루드 궁전까지 이르는 번화한 길을 '로열 마일'이라고 부른단다.

"어, '브로디즈 클로즈'다."

로버트 스티븐슨이 쓴 소설 《지킬 박사와 하이드》의 실제 모델이 된 디콘 브로디라는 사람이 살던 곳이다. 여기서 클로즈란 막다른 골목을 말하니까, 풀이하면 '브로디네 막다른 골목' 정도가 되려나.

브로디는 낮에는 존경받는 성공회 교회 집사이자 모범적인 사업가, 자

1 디콘 브로디 카페의 입구. 입구 위에 '브로디스 클로스'라는 간판이 붙어 있다. 2 브로디의 실제 모습이 이랬을까? 1904년 미국에서 출간된 《지킬 박사와 하이드》의 삽화 중 하이드의 모습. 3 로열 마일. 이 거리의 끝에 에든버러 성이 있다.

선을 베푸는 에든버러 시의원으로 지내다가, 밤이 되면 강도 살인을 벌이는 이중적인 삶을 살았다. 결국 은행을 털려다 들켜 교수대에서 처형을 당했다. 브로디가 교수형을 당한 교수형틀이 바로 자신이 설계하고 자신의 공장에서 제작한 것이었다고 하니, 세상에 참 별일이 다 있다.

스티븐슨은 이 사건을 소재로, 선과 악이 공존하는 인간의 이중성을 폭로하는 소설《지킬 박사와 하이드》를 썼다. 1886년의 일이다.

19세기 영국 런던, 변호사 어터슨은 이상한 이야기를 전해 듣는다. 잔인한 사내, 하이드라는 인물에 대한 이야기이다. 어터슨은 하이드가 자신의 친구인 지킬 박사와 관련이 있다고 직감한다.

일 년이 지난 어느 날, 템스 강변에서 살인 사건이 일어난다. 하이드가 거리에서 마주친 노신사를 잔인하게 때려죽인 것이다. 이후 몇 차례의 끔찍한 사건들이 연달아 일어나고, 진실은 조금씩 조금씩 베일을 벗는다. 지킬 박사가 이중 생활을 하고 있었던 것이다. 자신이 만든 약을 먹고 밤마다 하이드로 변신해서 자유로운 삶을 즐기던 지킬 박사는, 약물의 효력이 떨어지면서 영원히 하이드로 지내야 하는 위기에 빠진다. 결국 그가 선택한 해결책은 '죽음'이다.

《지킬 박사와 하이드》의 어두운 줄거리를 떠올리며 골목 안으로 들어서자, 안쪽에 찻집이 보였다. 찻집 벽면은 디콘의 행적을 담은 그림들로 꾸며져 있었다.

인간이란 어떤 존재일까? 낮에는 천사, 밤에는 악마로 지내는 존재. 겉으로는 한없이 자비를 베풀면서도, 속으로는 분노와 증오를 불태우며 살아가는 존재일지도 모른다. 모든 사람 안에는 지킬과 하이드의 모습이 동시에 있다. 지킬 박사가 최후의 편지에 썼던 것처럼……

나는 궁극적으로는 사람의 내면에 각양각색의 자아들이 서로 다투면서 함께 공존하고 있다고 믿는다. 내 성격은 모범적인 방향만 바라보며 나아가는 데 익숙해 있었다. 그럼에도 나는 내 안에 있는 도덕성을 보며 사람의 철저한 이중성을 깨닫게 되었다. 내 자아 속에서 두 가지 성격이 심하게 다투고 있음을 알게 된 것이다. 두 가지 성격 모두 나라고 할 수 있는데, 그건 아마도 내가 철저하게 양쪽 성

1 '아서 왕의 의자'라고 불리는 의자 모양의 언덕. 2 저녁 무렵의 에든버러. 탑과 노을이 어우
러진 풍경이 《지킬 박사와 하이드》를 떠올리게 만들어 조금 무서웠다.

향을 전부 지니고 있기 때문일 것이다.

찻집에서 나와 다시 걷다 보니 로열 마일의 끝에 이르렀다. 여기서부터 홀리루드 공원이다. 공원 안에 있는 깎아지른 모양의 절벽이 의자와 닮았다고 해서, '아서 왕의 의자'라 부른다고 한다. 그 위로 올라가면 에든버러 시내가 훤히 보일 것 같다.

다들 신이 나서 올라가는데, 걷다가 지친 나는 밑에서 기다리기로 했다. 그런데 호기심을 못 이겨 여기저기 구경을 다니다 그만 길을 잃고 일행과 헤어지고 말았다. 길을 찾다 아무렇게나 올라탄 버스가 더더욱 방향을 혼란스럽게 만들었다. 날은 어두워졌는데, 길은 모르겠고. 결국 겁을 잔뜩 먹은 채 택시를 탔다. 그런데 숙소까지 겨우 십 분 거리였다니!

모두들 난리였다. 숙소 주인에게 경찰에 신고해 달라고 부탁까지 했다나. 밤 열한 시가 넘은 시각이었으니 그럴 만도 했다. 손발에 힘이 풀려 흐느적거리는 에든버러에서의 첫날이 그렇게 지나갔다.

에든버러 사람들의
유별난 작가 사랑

다음 날, 어제의 실수를 만회하기 위해 일찌 감치 숙소를 나서 에든버러 성으로 향했다. 에든버러 성은 영국에서 가장 긴 역사를 자랑하는 건축물 중 하나로 7세기부터 짓기 시작했다고 한다. 그 후 요새로, 왕궁으로, 감옥으로 그 역할이 바뀌어 왔다. 성 자체가 바로 에든버러와 스코틀랜드 역사의 산 증인인 셈이었다.

성 입구에서 경사진 언덕을 오르자 각종 대포들이 눈에 들어왔다. 그중 에는 사람 몸통이 들어갈 만큼 거대한 대포도 있었는데, 돌을 넣어 쏘는 대포라고 한다. 1457년 제임스 2세 때 처음 모습을 드러냈는데, 전쟁에서 만 쓴 게 아니라 군대 사열식 때도 쓰였다고. 거대한 돌 포탄은 삼 킬로미 터가 넘게 날아갔다나 뭐라나. 마지막으로 쏜 게 1681년이라고 하니, 벌 써 삼백 년 넘게 개점휴업인 셈이었다.

¹ 에든버러 성의 모습. 동화 속에 등장하는 성의 모습과는 사뭇 달라 보였다. ² 에든버러 성 안에 대포가 줄지어 있는 모습. ³ 성에서 바라본 에든버러 시내. 어두울 때는 조금 음산해 보였는데, 실은 상당히 아름다운 도시였다.

스코틀랜드의 여왕, 메리

나는 스코틀랜드를 대표하는 에든버러 성 정도 되면, 공주와 왕자가 행복하고 멋진 삶을 누리는 여느 궁궐 같으리라 상상했다. 하지만 화려하거나 사치스러운 느낌은 전혀 받을 수 없었다. 이런 성에 살던 공주와 왕자는 정말 행복하기만 했을까?

에든버러 성을 보며 가장 먼저 떠오른 사람은 메리 여왕이었다. 메리 여왕에게는 '단두대에 머리를 넣은 최초의 여왕', '여왕이라는 저주받은 유산을 받고 태어난 여인' 등의 수식어가 따라다닌다.

메리는 1542년, 태어난 지 오 일 만에 아버지 제임스 5세를 잃고, 구 개월 만에 왕위에 오른다. 그는 프랑스의 왕세자 프랑수와 2세와 결혼하지만, 병약한 남편은 일찍 죽고 만다. 열아홉 살이라는 어린 나이에 고국 스코틀랜드로 돌아온 메리.

곧 잘생긴 던리 경과 두 번째 결혼을 하지만, 던리 경은 비열하고 못난 인간이었다. 그러자 메리는 보스웰 백작을 만났고, 보스웰 백작은 던리 경을 죽인 뒤 메리와 결혼한다. 메리는 남편을 죽인 살인자를 세 번째 남편으로 맞이한 셈이다.

결국 메리는 성난 군중들에 의해 쫓겨나 잉글랜드로 피신하게 된다. 그후 잉글랜드의 여왕인 엘리자베스의 도움을 받으며 살다가, 엘리자베스 여왕을 끌어내리려는 모반 계획이 드러나 결국 참수형을 당한다.

이렇게 평생 동안 불안과 음모에 휘말려 산 공주, 아니 여왕의 삶이라니. 실제 공주의 삶은 동화 속 이야기처럼 마냥 낭만적이지만은 않았던 모양이다.

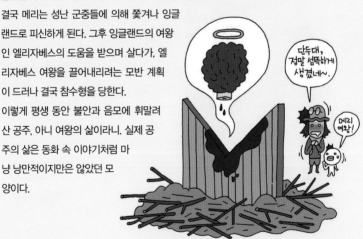

점심시간이 다가오자 우리는 간만에 영양 보충을 하기로 마음먹었다. 그래서 그럴싸한 레스토랑이 없는지 차림표와 가격을 확인하면서 돌아다녔다. 그러다 숙소에서 그리 멀지 않은 곳에 있는 호텔을 하나 발견했는데, 일층에 깔끔한 음식점이 딸려 있었다. 기분도 전환할 겸 문을 열고 들어가 마음에 드는 메뉴를 골라 먹으며 배고픔을 잊을 즈음, 벽에 걸린 사진에 눈길이 갔다.

"누굴까? 잘생겼네. 배우가 아닐까?"

"옷차림이 좀 옛날 사람 같은데."

궁금증은 작가 박물관에서 금세 해결되었다. 사진의 주인공은 스코틀랜드의 국민 작가로 불리는 월터 스콧 경이었다. 호텔 식당에 작가의 사진이 걸려 있다니. 우리나라로 따지면 박지원이나 정약용 또는 허균의 초상화가 걸려 있다는 거잖아? 나는 벽에 걸린 사진 한 장으로 중요한 사실을 알아차렸다. 에든버러 사람들이 문학을 무척이나 사랑한다는 것을.

월터 스콧, 로버트 스티븐슨, 그리고 로버트 번스

작가 박물관은 스코틀랜드 사람들이 사랑하는 세 명의 작가인 역사 소설가 월터 스콧, 이야기꾼 로버트 스티븐슨, 국민 시인 로버트 번스를 기념하는 박물관이다. 지하 일층, 지상 이층의 작은 건물로, 1622년에 지은 유서 깊은 건물이라고 한다. 박물관 간판도 책상에 앉아 골똘히 생각하며 글을 쓰는 작가의 모습이다.

작가 박물관 앞에는 다양한 글귀가 새겨진 돌이 깔려 있었다. 어떤 것은 스코틀랜드 사투리가 섞여 있어서 그런지 전혀 알아볼 수 없었지만, 간혹 우리에게 익숙한 작가들의 말이나 가슴에 와 닿는 멋진 글귀가 새겨져 있어 문학 여행의 감흥을 더해 주었다.

> "우리는 단지 우리의 빚을 미래에 놓음으로써 과거의 빚을 갚을 수 있을 뿐이다."
> "오래전으로 거슬러 올라가면 모든 인류는 사촌이다."
> "에든버러의 가로등처럼 사랑스런 별은 없다."

마지막 글귀는 로버트 스티븐슨의 말이다. 스티븐슨은 에든버러를 진정 사랑한 작가였나 보다. 다른 두 명의 작가 역시, 스코틀랜드의 방언과 스코틀랜드의 역사를 사랑하기로 유명하다.

작가 박물관 일층은 스코틀랜드가 자랑하는 작가 월터 스콧 경의 전시관이다. 생각해 보니 에든버러 곳곳에 스콧의 자취가 남아 있다. 강에 놓인 다리 이름은 웨이벌리 브릿지, 시내 중심가에 우뚝 솟은 철탑은 스콧 기념탑, 작가 박물관의 일층을 차지하고 있는 것도 바로 월터 스콧이다. 그리고 보니 에든버러의 기차역 이름도 스콧의 소설 제목을 딴 '웨이벌리 역'이었지!

스콧의 문학 세계를 이해하려면 스코틀랜드의 역사를 먼저 찾아보는

에든버러에서
3대 보물만은 꼭!
꼭! 봐야 해~.

1 작가 박물관 간판. 글을 쓰고 있는 작가의 모습이다. 2 로버트
스티븐슨의 글귀가 바닥에 새겨져 있다. 3 작가 박물관 안의 흉
상. 왼쪽부터 번스, 스콧, 스티븐슨이다.

소설 《웨이벌리》 속 역사가 궁금하다고?

스코틀랜드의 역사는 잉글랜드와의 관계 속에서 바라보아야 한다. 스코틀랜드는 9세기경 독립 왕국으로 발전했는데, 11세기 무렵부터 잉글랜드의 간섭과 위협을 받기 시작한다. 이 때부터 잉글랜드와 스코틀랜드 사이에 갈등의 역사가 시작된 것이다. 1603년, 제임스 1세 (스코틀랜드에서는 제임스 6세로 부른다.)가 엘리자베스 1세의 뒤를 이어 잉글랜드 왕위를 계승하면서 적대감이 조금 누그러졌지만, 갈등은 여전히 계속된다.

제임스 1세가 죽은 뒤 그의 아들 찰스 1세가 영국 왕위에 올랐지만, 청교도 혁명으로 단두 대에 오르고 만다. 그의 아들 찰스 2세에 이어 제임스 2세가 왕위에 올랐지만, 그 역시 명예 혁명으로 왕위에서 물러나 프랑스로 망명하게 된다. 망명한 제임스 2세를 지지한 세력을 '제임스의 추종자'라는 뜻의 '재커바이트'라고 부른다. 1745년 봉기한 재커바이트는 한때 런던을 위협할 정도로 세력이 컸지만, 1746년 4월 스코틀랜드 북부 컬로든에서 벌어진 영국 정부군과의 전투를 끝으로 뿔뿔이 흩어지고 만다.

《웨이벌리》는 18세기 재커바이트의 활동을 낭만적으로 그린 작품이다. 제임스 2세의 손자 인 찰스 에드워드 왕자를 왕위에 복귀시키기 위해 재커바이트가 일으킨 '1745년 봉기'를 배경으로, 낭만적 사랑을 겪으며 이편저편 사이에서 갈등하는 웨이벌리의 성장기이다.

'흔들리다'는 뜻의 영어 'waver'에서 비롯된 이름인 웨이벌리는, 스코틀랜드 왕가를 지지 하는 재커바이트와 잉글랜드의 하노버 왕가 사이에서 흔들리고 갈등하는 주인공의 마음을 잘 나타내고 있다.

컬로든 전투를 묘사한 기록화. 이 전투의 패배로 재커바이트 는 괴멸하고 만다. 왼쪽이 스코틀랜드 재커바이트 병사이고, 오른쪽이 영국 정부군이다.

어쩌면 웨이벌리는 현재 영연 방에 속해 있으면서도, 스코틀 랜드로 남고자 하는 스코틀랜 드 사람의 정체성을 상징하고 있는 인물이기에 큰 인기를 누 리는 건지도 모른다.

게 중요하다. 스콧의 대표작인《웨이벌리》도 마찬가지.

스콧은 대표작인《웨이벌리》로 스코틀랜드의 전통과 문화를 생생하게 그려냈다는 찬사를 받았다. 또 스코틀랜드 사람들이 느끼는 과거에 대한 향수를 정확하게 표현했다고 평가 받았다. 스코틀랜드 사람의 마음을 정확하게 읽어 냈기에, 월터 스콧이 스코틀랜드를 상징하는 작가로 불리는 것이리라. 이런 작품을 쓸 수 있었던 힘은 그의 마음속 깊이 자리 잡고 있는 스코틀랜드에 대한 애정에서 비롯되었을 것이다.

작가 박물관 일층에는 월터 스콧이《웨이벌리》의 출판에 대해 편집자와 이야기를 나누는 모형이 서 있는데, 버튼을 누르면 그들의 대화를 들을 수 있다. 그들이 앉아 있는 식탁은 실제 스콧이 사용했던 식탁이라고 한다. 그 옆에는 스콧이 어린아이처럼 갖고 놀던 흔들 목마, 장기판,《웨이벌리》초판본 등이 전시되어 있었다.

지하로 내려가니 모험 소설 작가인 스티븐슨의 면모를 생생하게 느낄 수 있는 전시물들을 살펴볼 수 있었다. 그는 어릴 때부터 몸이 약해 요양 여행을 많이 다녔다고 한다. 그가 여행 중에 찍은 사진과, 여행에서 얻은 진귀한 물건들이 전시되어 있었다. 그중에 남태평양 사모아 섬의 한 족장이 스티븐슨에게 주었다는 반지가 눈에 띄었는데, 거기에는 '이야기꾼'이라는 뜻의 사모아 현지어 '투시탈라'가 새겨져 있었다. 그 외에 악명 높은 디콘 브로디가 만들었다는 옷장도 볼 수 있었다.

그는 여행 중이던 1876년, 자신보다 열한 살 많은 미국 여성 패니 오즈번과 사귀게 된다. 1879년, 집안의 반대를 무릅쓰고 그녀가 있는 미국 캘

1787년 번즈와 스콧의 만남을 기록한 그림. 왼쪽이 청년인 번즈이고, 오른쪽이 십대의 스콧이다. 1893년 작품으로 월터 스콧의 생가에 전시되어 있다.

리포니아로 먼 여행을 떠난 무일푼의 스티븐슨은, 여행 중 병까지 얻은 채 겨우 캘리포니아에 도착한다. 어렵게 건강을 회복한 스티븐슨은 1880년에 그녀와 결혼한다. 1881년에 발표한《보물섬》은 의붓아들 로이드를 즐겁게 해 주려고 쓰기 시작했다고.

어린 시절《보물섬》의 주인공인 어린 소년 짐의 모험을 보며 손에 땀을 쥐던 생각이 났다. 그때 책을 읽으며 뱃사람들이 즐겨 마시던 럼주라는 술이 대체 어떤 맛일지 궁금하게 여겼었다.

"너희,《보물섬》읽어 봤니?"

아이들에게 물으니 다들 고개를 갸웃거렸다.《지킬 박사와 하이드》뿐 아니라,《보물섬》도 읽었더라면 스티븐슨의 전시물이 한층 더 신기하고 흥미진진했을 텐데.

곳곳에 이야기가
살아 숨 쉬는 거리

작가 박물관 앞에서 한 무리의 관광객들이 가이드를 따라다니고 있었다. 그들도 문학 여행을 하고 있었다. 아마 조앤 롤링이《해리 포터》를 썼다는 니콜슨 카페와 앨리펀트 하우스에 가 볼 것이고, 코난 도일 작품의 삽화가 걸려 있는 코난 도일 카페와 디콘 브로디 골목에 있는 찻집을 찾아볼 것이다. 사실 그들이 원하는 건 명소를 구경하는 것보다도, 문학을 아끼고 좋아하는 사람들과 이야기 나눌 수 있는 자리를 갖는 것이리라.

언젠가 우리 문학이 전 세계에 널리 알려지면 '서울 문학 기행'이 인기 관광 상품으로 알려질지도 모르겠다. 그렇게 되면 나도 가이드로 나서야지. 일단 종로를 중심으로 현진건의 생가, 안평대군의 무계정사 터, 백사실 계곡, 옛 서대문 형무소 자리에 있는 역사관, 염상섭 생가, 정철의 생가와 가까운 청운초등학교를 돌아보면 될 것이다.

아, 맞다. 그런데 영어를 유창하게 해야겠구나. 난 안 되겠네……. ㅠㅠ 복작대는 문학 여행 관광객을 보며 이런저런 생각이 들었다.

수많은 작가들이 사랑했던 에든버러. 그리고 에든버러를 사랑한 작가

들을 자랑스럽게 여기고 아끼는 에든버러 사람들.

이를 보고 들으며 나는 우리네 땅을 사랑하는 작가가 있다는 사실이 새삼 소중하고 감사하게 느껴졌다. 만약 그 어떤 작가도 우리 땅을 소중하게 여기는 작품을 남기지 않았더라면, 지금 속으로 얼마나 서러웠을까? 해외에 나가면 다 애국자가 된다더니, 나 역시 마찬가지였다.

'오늘따라 국어 선생님인 게 자랑스럽네! 그런데 이 무거운 책임감은 또 뭐람. 돌아가면 우리 주변을 노래한 작가들과 명소들부터 찾아서 아이들에게 알려 줘야겠다.'

길을 잃은 나를 두려움에 떨게 만들었던 에든버러. 하지만 에든버러는 인간의 이중성을 드러내 보이는 문학 작품과, 생생하게 그려낸 역사 이야기를 전해 주는 문학 도시로 내 마음을 사로잡았다.

• 국제적인 에든버러 축제

8월 중순에서 9월에 걸쳐 에든버러에서는 세계적인 축제가 펼쳐진다. 제2차 세계 대전에서 상처받은 사람들의 치유하기 위해 1947년에 시작되었다고 하는데, 각종 공연과 행사, 군악대 행진, 불꽃놀이 등이 벌어진다. 우리는 축제 기간인 것도 모른 채 에든버러에 들렀다가, 숙소를 잡느라 애를 먹었다. 게다가 바야흐로 축제가 시작할 무렵, 에든버러를 떠나야만 했다!

홈페이지_ http://www.eif.co.uk
주   소_ Edinburgh International Festival The Hub, Castlehill Edinburgh UK EH1 2NE
일   시_ 2014년의 경우, 8월 31일에 시작.

• 김유정 역은 어디 있을까?

스코틀랜드에 웨이벌리 역이 있다면 우리나라에는 김유정 역이 있다. 강원도 강촌 역과 춘천 역 사이에 있는 김유정 역은 웨이벌리 역처럼 작품 속 주인공의 이름을 딴 건 아니지만, 우리나라 최초로 사람 이름을 딴 기차역이라는 데 의미가 있다. 본래 이름은 신남역이었는데, 춘천에서 태어난 김유정 작가를 기리는 의미에서 2004년 김유정 역으로 이름을 바꾸었다. 주변에 김유정 생가를 복원하고 기념물을 전시하는 '김유정 문학촌'도 있으니 한번 들러 보도록 하자.

모험을 행동으로 옮긴
스티븐슨의 생애

별이 반짝이는 넓은 하늘 아래,

무덤을 하나 파고 거기에 나를 눕혀 다오.

사모아 섬에 있는 로버트 스티븐슨의 묘비명이다. (뒤에 조금 더 긴 구절이 연결되어 있지만, 영어 실력 탓에 첫 문장만 번역한 점 양해해 주길!) 그런데 에든버러에서 태어난 스티븐슨의 무덤이 남태평양 사모아 섬에 있는 이유는 무엇일까?

에든버러에서 태어난 스티븐슨은 영국, 프랑스, 벨기에, 미국, 남태평양 등 많은 곳을 여행하며 지낸다. 폐결핵을 치료하기 위해 따뜻한 지방을 찾아가는 여정이기는 했지만, 스티븐슨은 여행에서 겪은 다양한 경험을 바탕으로 여러 작품을 쓴다.

그중에서도 《보물섬》과 《지킬 박사와 하이드》를 대표작으로 꼽을 수 있다. 스티븐슨이라는 이름은 모르는 사람도, 《보물섬》과 《지킬 박사와 하이드》라는 작품은 한 번쯤 들어 봤을 정도니까 말이다.

스티븐슨은 세상을 뜨기 전 육 년 동안 남태평양을 항해하다가 사모

아 섬에 정착한다. 그리고 사모아에 집을 짓고 살면서, 영국과 독일의 식민지 지배에 맞서 사모아 현지 주민들을 위해 활동한다. 에든버러의 작가 박물관에 전시되어 있던 사모아 족장이 선물한 반지도 이때 받은 것이라고 전해진다. 반지에 '이야기꾼'이라고 새겨 선물한 걸 보면, 스티븐슨이 인기 작가라는 사실을 알고 있었던 모양이다.

사모아 섬에 정착한 이후로 다시는 영국을 찾지 않았던 스티븐슨. 그가 마흔네 살에 죽자, 사모아 섬의 현지 족장 마흔 여 명은 산꼭대기를 깎아 그를 위한 무덤을 만들었다고 한다. 이것이 바로 영국인, 엄밀하게 따지면 스코틀랜드인이었던 스티븐슨의 무덤이 남태평양의 외딴 섬에 있는 이유이다.

그의 묘비명을 다시 한 번 읽어 보자. 평생 여행과 모험을 즐겼던 스티븐슨의 삶과 무척이나 어울리는 것 같지 않은가?

1 사모아 섬에 있는 스티븐슨의 묘. 2 1911년 미국에서 출간된 《보물섬》의 표지. 스티븐슨이 전 재산을 털어 남태평양을 여행한 경험이 이 작품에 담겨 있다.

*영국 박물관 정문

7

The British Museum

수많은 보물 속에 감춰진 역사와 진실

영국 박물관

관련 작가 | 윌리엄 윌키 콜린스
관련 작품 | 《문스톤》
여행 명소 | 세인트 판크라스 역, 영국 박물관

진정한 여행은
혼자 하는 것!

　　　　　두근거리는 심장 소리에 귀 기울여 본 적 있는지? 우리는 누군가를 좋아할 때, 여러 사람 앞에서 발표를 할 때, 어려운 사람에게 싫은 소리를 할 때 심장이 빠르게 뛰는 걸 느낀다.

　그리고 또? 기대와 호기심을 안고 낯선 곳에 도착했을 때도 심장이 두근거린다. 어디론가 떠난다는 건 단순한 두근거림을 너머 벅찬 감정과 설렘이 함께하는 것이니까.

　나는 영국 여행 중에 런던 중심부에 있는 세인트 판크라스 역에만 가면 가슴이 뛰기 시작했다. 세인트 판크라스 역은 진정한 의미에서 영국 여행의 출발지였다. 이곳은 런던의 주요 전철 노선 다섯 개가 동시에 겹쳐 있어서, 그야말로 교통의 중심이라 할 수 있다. 게다가 영국 중북부로 떠나는 기차, 프랑스와 벨기에로 향하는 국제선 기차도 역시 여기에서 출발했다.

　또 중요한 것 하나. 세인트 판크라스 역은 킹스 크로스 역과도 이어져 있다. 이게 뭐가 중요하냐고? 킹스 크로스 역은 영화 〈해리 포터〉에서 호그와트 마법 학교로 가는 기차가 출발하는 곳, 즉 9와 3/4 플랫폼이 있는

1 바깥에서 살펴본 세인트 판크라스 역.
2 킹스 크로스 역에 있는 9와 3/4 플랫폼. 친절하게 표시까지 해 두었다.

역이다! 영화를 본 사람은 기억할 것이다. 짐을 실은 손수레가 벽을 향해 쑥 들어가는 장면. 물론 실제로 킹스 크로스 역에서는 호그와트가 아니라 에든버러로 향하는 기차가 출발하지만.

나는 여름에 다녀온 영국 문학 여행 이후, 아쉬운 점이 많아서 홀로 겨울 여행을 하기로 결정했다. 그래서 숙소를 잡으려고 인터넷을 뒤지다 보니, 여행자들이 좋은 평가를 내린 숙소 중 하나가 세인트 판크라스 역 주변에 있었다. 무조건 예약부터 했다.

진정한 여행의 시작은 '혼자 하는 것'이라는 글을 읽은 적이 있다. 그런데 나는 영국 여행 전만 해도 혼자 여행을 해 본 적이 한 번도 없었다. 그러다 덜컥 홀로 떠나게 된 첫 여행지가 머나먼 영국이라니. 그래서 그런지 비행기에서 내릴 때까지 혼자 여행을 한다는 사실이 제대로 실감나지 않았다.

세인트 판크라스 역에 도착해서 숙소를 찾는데 여름 여행 때와 마찬가지로 한참을 헤맸다. 두 번째 여행이니까 길 찾는 것도 수월하리라 생각했는데, 이게 웬걸! 점점 어두워지는데 길은 모르겠고, 슬슬 겁이 나서 몹시 당황스러웠다. 왜 숙소는 항상 찾기 어려운 곳에 있는 거야!

물어물어 겨우 숙소에 도착하자 불현듯 나 혼자 낯선 곳에 있다는 사실이 이제야 피부로 와 닿았다. 아, 당장 내일부터 혼자 돌아다녀야 하는데⋯⋯, 머릿속은 점점 복잡해져만 갔다.

엔진 고동 소리 너머에
뛰는 심장이

전혜린 작가의 《먼 곳에의 그리움》이라는 수필 속 한 구절이 문득 떠올랐다.

그리움과 먼 곳으로 홀홀 떠나 버리고 싶은 갈망, 바하만의 시구(時句)처럼 '식탁을 털고 나부끼는 머리를 하고' 아무 곳이나 떠나고 싶은 것이다. 먼 곳에의 그리움(Fernweh)! 모르는 얼굴과 마음과 언어 사이에서 혼자이고 싶은 마음! 텅 빈 위(胃)와 향수를 안고 돌로 포장된 음습한 길을 거닐고 싶은 욕망. 아무튼 낯익은 곳이 아닌 다른 곳, 모르는 곳에 존재하고 싶은 욕구가 항상 나에게는 있다.

법학을 전공하다 불쑥 독일로 유학을 떠나 문학을 공부한 1960년대 천재 작가 전혜린. 수많은 여고생들에게 불꽃처럼 살아간다는 것의 의미를 전해 준 수필《그리고 아무 말도 하지 않았다》의 작가. 그 역시 아무 곳으로나 떠나고 싶었던 열망을 가졌던 모양이다.

전혜린을 떠올리다 보니, 세인트 판크라스 역에서 마주쳤던 사람이 생각났다. 먼 곳을 응시하는, 먼 곳을 향한 그리움을 가진 사람처럼 보였다. 역 이층에 있는 한 남자의 청동상, 여행 가방을 든 그 남자는 왼손을 신사용 모자에 얹고 먼 곳을 바라보고 있었다.

알고 보니 영국 시인 존 베처먼의 동상이란다. 바닥에 깔린 둥근 대리석에 그의 시구가 새겨져 있었다. 나는 영국 문학 여행을 통해 베처먼이라는 시인을 새롭게 발견한 셈이다.

존 베처먼은 시인이자, 건축가이자, 방송인이었다. 또 그는 영국 왕실이 가장 명예로운 시인에게 주는 '계관 시인'의 칭호를 받은 작가였다. 윌리엄 워즈워스, 세실

1 존 베처먼의 동상. 동상 아래쪽에 그의 시구가 새겨져 있다. 2 바닥에 새겨진 존 베처먼의 시구 중 하나.

데이 루이스 같은 유명 시인들과 어깨를 나란히 한다는 뜻이리라.

그런데 왜 베처먼의 동상이 세인트 판크라스 역에 있을까? 그 궁금증은 곧 풀렸다. 그는 영국 빅토리아 시대의 건축물에 큰 애착을 갖고 건축물들을 보존하는 데 힘을 쏟았다. 그래서 세인트 판크라스 역을 부수고 다시 지으려는 계획을 '치명적인 바보짓'이라 부르며 막기 위해 앞장섰다.

이 같은 공적으로 2007년 판크라스 역이 유로스타 터미널로 다시 개장할 때 그의 동상이 세워진 것이라고 한다. 그러고 보니 동상 주변 어디엔가 '역을 구한 사람'이라는 글귀가 적혀 있었던 것 같다.

베처먼은 기차역에 관심이 많았나 보다. 1973에는 '메트로 랜드'라는 텔레비전 다큐멘터리 프로그램의 해설을 맡은 적도 있다. 그의 행동과 관심사를 떠올리며 바닥에 새겨진 시구를 읽어 보았다. 그러다 나는 마음에 와 닿는 구절을 하나 발견하고는 몇 번이고 읊조려 보았다.

Beyond the throb of the engines is the throbbing heart of all.

'엔진의 박동 너머에 심장의 두근거림이 있다.'는 뜻이리라! 여행이 주는 두근거림을 기막히게 비유했다는 생각이 들었다. 나는 지하철을 타기 위해, 기차를 타기 위해 세인트 판크라스 역을 들락거리며, 기차 엔진보다 더 고동치는 심장의 두근거림을 몇 번이고 느껴야만 했다. 그 두근거림은 호기심만이 아니라 두려움, 불안, 그리움이 뒤범벅된 것이기도 했다.

빼앗은 자와
빼앗긴 자

두 번째로 영국 여행을 시작한 첫날, 나는 영국 박물관에 가 볼 생각이었다. 박물관을 구경하고 나서 작가들이 사랑했던 블룸즈버리 거리를 여기저기 걸어 볼 계획을 세웠다. 하지만 이런 야심찬 계획은 박물관에 도착한 순간에 처절히 무너져 버렸다. 영국 박물관은 금방 보고 나오기에는 너무나 거대한 규모였기 때문이다.

사실 영국에 가기 전부터 영국 박물관은 일주일이 걸려도 다 볼 수 없다고 말하는 걸 여러 번 들었다. 구십여 개에 달하는 대규모 전시실, 그리고 그 전시실을 채우고 있는 시간과 공간을 초월한 전 세계 수백만 점의 유물들…….

영국 박물관의 역사는 1753년으로 거슬러 올라간다. 영국 국왕 조지 2세의 주치의였던 한스 슬론 경은 죽기 전 칠만 점이 넘는 개인 소장품을 조지 2세에게 기증했다. 그러자 영국 의회는 영국 박물관에 관한 법을 제정하고, 연구자는 물론 관심 있는 일반인에게도 이를 공개하기로 결정했다. 주요 기증자 중에는 슬론 경, 조지 4세, 제임스 쿡 선장 등이 있는데, 이중에서 제임스 쿡 선장은 영국의 유명한 탐험가이자 항해사였다. 그는 태평양 남단에서부터 북단까지 샅샅이 탐험하면서, 영국 제국주의를 확장하는 데 큰 역할을 한 인물로 평가받았다. 그는 어떻게 수많은 보물들을 영국 박물관으로 가져오게 되었을까?

영국 박물관은 겉에서 볼 때 그리스 파르테논 신전을 떠올리게 만드는 거대한 대리석 건물이었다. 애초에 박물관 설립 취지에 따라 (훔치거나 빼앗은 물건이 80%가 넘어서) 입장료는 받지 않는단다. 아, 이거 하나는 양심적(?)이다!

제임스 쿡은 어디를 어떻게 항해했을까?

영국의 탐험가로 알려진 제임스 쿡은 '캡틴 쿡'으로 잘 알려져 있다. 그는 뉴질랜드와 오스트레일리아를 거쳐 남극까지 항해한 뒤, 북태평양을 지나 북극해까지 항해를 한다. 위성을 통한 사진이나 지도가 생기기 전, 태평양 지도는 캡틴 쿡의 모험을 빼놓고서 말을 할 수가 없을 정도였다고 한다.

세 번에 걸친 항해를 통해 태평양으로 통하는 바닷길과 수많은 섬을 발견하여 정확한 지도를 만들 수 있는 기초 자료를 수집하던 쿡 선장은 하와이 제도 부근에서 원주민과의 충돌로 살해당한다.

많은 사람들이 그의 모험심과 리더십에 감탄하지만, 반면에 영국 해군 소속으로 제국주의를 퍼뜨리는 데 큰 역할을 했다는 사실에 주목하기도 한다. 당시 쿡 선장이 개척한 바닷길을 따라 태평양 전역이 강대국의 식민지가 되었기 때문이다.

세계 지도를 펼치고 태평양의 섬들을 살펴보자. 꽤 많은 섬 이름 옆에 '영국령', '프랑스령', 또는 '미국령'이라고 표시되어 있다. 이미 사람이 살고 있는 섬을 처음 발견했다고 우기며 자기네 땅이라는 간판을 내거는 일도 웃기지만, 지금까지도 국제적으로 강대국의 영토라고 인정받고 있다는 사실이 더욱 안타깝게 여겨진다.

〈캡틴 쿡의 죽음〉. 1783년 작품으로 원주민과 대치하다 죽음을 맞이한 쿡 선장의 모습을 묘사한 그림이다. 하와이 비숍 박물관에 전시되어 있다.

안에 들어가니 유리로 된 둥근 천장이 현대적인 분위기를 물씬 풍기고 있었다. 그런데 막상 박물관 약도를 펴 들었지만, 어디로 가야 할지 막막했다. 주변을 두리번거리다 일단 사람들로 바글거리는 이집트 조각관 쪽으로 향했다.

말로만 듣던 로제타석 앞에 섰다. 로제타석은 기원전 196년 고대 이집트에서 만들어진 것으로 동일한 내용이 이집트 상형 문자, 이집트 민중 문자, 고대 그리스어 등 세 가지 문자로 새겨져 있는 화강암덩어리다. 로제타석 덕분에 고대 그리스어를 바탕으로 이집트 상형 문자를 해독할 수 있었다고 한다.

서로 다른 세 가지 문자가 새겨진 로제타석. 로제타석이야말로 어떤 보석보다 귀한 보물일지도 모르겠다.

그런데 나는 이집트관의 로제타석을 보며 감탄을 하면서도 동시에 무엇인가 부자연스럽다는 생각이 들었다. 아니, 이집트 상형 문자를 해독할 수 있도록 만들어 준 이집트 유물이 왜 여기 영국에 있는 거지?

나는 유물이 갖고 있는 역사적 의미보다도, 이렇게 각양각색의 귀한 보물들이 어떻게 영국 박물관에 전시된 것인지 궁금해졌다. 영국까지 오게 된 과정을 살피면 아마도 떳떳하지만은 않으리라. 그러자 영국 박물

관의 역사를 살펴보며 알게 된 제임스 쿡 선장이 다시금 떠올랐다.

영국 박물관에 전시된 인류의 보물들은 영국이 아닌 다른 나라에서 거의 훔치거나 빼앗다시피 해서 가져온 것들이 부지기수다. 약탈한 유물 때문에 그리스나 이집트 등 여러 나라와 외교적인 마찰을 일으킨 적도 있을 정도다. 과연 이 보물들이 정말 있어야 할 곳에 있는 것일까? 이것은 다른 의미에서 '도난'은 아닐까?

물론 다르게 생각하는 사람들도 많다. 그저 여태 땅속에 파묻혀 있었거나 훼손되어 없어졌을 법한 보물들을 발굴 보존하고, 전 세계 사람들이 감상하고 누릴 수 있도록 만든 게 영국이라는 이유이다. 물론 틀린 말은 아니다.

하지만 영국이 세계의 보물들을 자기 나라로 가지고 온 시기를 생각해 보자. 제국주의에 앞장서던 영국이 불법으로 점령하고 있던 식민지에서 강제로 빼앗아 온 게 아니던가. 나에게는 그런 변명이 약탈을 정당화하려는 핑계로 들릴 뿐이다.

박물관에 입장하면서 빌린 오디오 해설에서는 "세계의 진귀한 보물이 그 자리에 있었더라면 훼손되었거나 제대로 감상할 수 없었을 텐데, 이렇게 전시되어 우리가 유물을 제대로 감상할 수 있게 되었다."는 자화자찬격의 안내 방송이 흘러나오고 있었다.

타라 여신상 앞에서
떠올린《문스톤》

나는 인도관으로 향했다. 영국 박물관에 가면 몇몇 전시실을 빼놓지 않고 살펴보리라 결심했다. 이집트 조각관, 고대 그리스관, 인도관, 그리고 한국관이다. 이집트와 그리스 유물은 워낙 세계적으로 유명하니까 그렇다 치더라도, 인도관을 떠올리면 '왜?'냐고 물을지도 모르겠다.

그 대답은 윌리엄 윌키 콜린스가 1858년에 발표한 소설《문스톤》에 있다.《문스톤》은 인도인들이 소중히 여기는 보물인 문스톤을 영국인들이 약탈한 뒤, 숱한 사연을 거친 끝에 보물이 제자리로 되돌아오기까지의 이야기를 담은 작품이다. 문스톤이란 희귀한 보석의 한 종류인데, 소설 속에서는 황색 다이아몬드를 가리킨다.

나는《문스톤》을 읽으며 영국 박물관에는 인도의 보물이 얼마나 전시되어 있을지 무척 궁금했다.

작품 속 배경은 1799년으로 거슬러 올라간다. 존 헌카슬이란 사람이 인도에서 진귀한 보물을 손에 넣는데, 그 보물을 손에 넣는 과정에서 인도인 세 명을 살해한 혐의를 받고 있다. 그는 죽기 전, 조카 레이철의 생일에 문스톤을 전해 달라는 유언을 남긴다. 자신을 박대한 누이의 딸에게 문스톤을 보낸 이유는, 문스톤을 지닌 사람은 그것을 되찾고자 하는 사람들의 표적이 되어 불운한 삶을 살게 되기 때문이었을까?

레이철도 마찬가지로 사건에 휘말린다. 선물로 받은 문스톤을 곧 도난당하고, 누가 이를 훔쳤는지를 추적하는 과정이 이어진다. 음모와 배신과 살인이 이어진 끝에 문스톤은 사라진다. 일 년 뒤, 인도의 어느 오지를 찾아간 방랑객 한 명이 힌두교 사원에 모셔 둔 여신상의 이마 한가운데서 빛나는 문스톤을 발견한다.

이 작품을 읽으며 나는 식민지 인도에서 영국인이 행한 갖가지 악행들을 생각해 보기도 했고, 인도의 수많은 보물들이 남몰래 영국으로 옮겨지는 장면을 상상해 보기도 했다.

과연 인도관의 전시물은 풍성했다. 나는 전시관 중앙에 아름다운 자태를 뽐내며 서 있는 타라 여신상을 유심히 살펴보았다. 타라는 불교와 힌두교에 등장하는 여신 중 하나다. 풍만한 가슴, 잘록한 허리, 매끄럽게 뻗어 있는 매혹적인 여신의 자태.

영국 박물관의 타라 여신상은 8세기경 스리랑카에서 제작된 청동상인데, 평화와 건강과 행운을 상징한다고 한다. 머리에는 여러 개의 구멍이 뚫려 있는데, 구멍마다 값비싼 보석이 박혀 있었다고 전해진다. 오른손은 무언가를 주는 동작을 취하고 있고, 왼손은 비어 있었다. 처음 만들어졌을 때에는 연꽃을 쥐고 있었단다.

타라 여신상은 언제 영국 박물관으로 오게 되었을까? 붙여진 안내문을 보니, 1800년대 초에 인도 남부의 침략을 위해 조사원으로 파견되었던 로버트 브라운이라는 사람이 가져온 것이라고 한다. 제국주의 영국의 냄새가 물씬 풍기는 대목이 아닐 수 없다.

타라 여신상 주변에 시바 신의 조각도 있었다. 시바 신은 갠지스 강을 상징하는 힌두교의 중요한 신 중 하나로, 창조와 파괴의 양면성을 지니고 있다고 한다. 그는 모두 네 개의 팔을 갖고 있는데, 한 손에는 삼지창, 한 손에는 북을 들고, 나머지 두 손은 춤사위를 보여 주고 있다.

유심히 관찰하다 보니, 시바 신이 오른쪽 발로 무언가를 밟고 있는 걸 볼 수 있었다. 설명을 들어 보니 무지한 사람에게서 생겨난 '악'을 밟고 있는 것이라고 한다.

무지에서 생겨난 악이라! 하긴 악이란 바로 그런 것인지도 모른다. 세

1 인도관에 전시되어 있는 타라 여신상.
2 힌두교의 시바 신과 파르바티 여신상.

상의 아름다움, 진정한 사랑, 자신이 가야 할 길, 용기를 내야 할 때를 모르는 것, 그것이 바로 '악'이 아닐까.

나는 시바 상 앞에 서서 콜린스의 책을 읽으며 줄곧 떠올렸던 생각들을 다시 끄집어 내었다.《문스톤》이 영국과 식민지 인도의 정치적 관계를 그린 작품은 아니다.

하지만 작품 속의 사건은 영국이 인도를 침략한 데서 시작된다. 영국인이 문스톤을 손에 넣을 수 있었던 것도, 그가 바로 영국 군인이었기 때문이다. 인도인의 입장에서 보면 자신들이 신성하게 여기는 문화재를 눈뜨고 빼앗긴 셈이다.

영국 박물관의 33전시실 앞에도 인도 남동쪽 해안에 있던 불탑의 일부, 인도 사원 곳곳에 자리 잡고 있던 신비한 조각상, 인도의 신전을 지키던 수많은 신상들이 전시되어 있었다.《문스톤》에 등장했던 것과 비슷한 사연들이 각각의 유물들에 얽혀 있으리라는 생각을 하니 가슴속에서 작은 떨림이 느껴졌다.

《문스톤》결말부에서 문스톤은 결국 제자리를 찾아 힌두교 사원의 여신상으로 돌아간다. 그리고 살인을 저지르면서까지 문스톤을 되찾아간 세 명의 인도 승려는 순례의 길을 떠난다.

그렇다면 여기 전시되어 있는 시바 조각상과 타라 여신상은 어디에 있어야 하는 것일까?

영국 박물관은 멀리 한국에서 예술품들을 보러 온 여행객에게 도난당한 역사의 자취를 되새기게 만들어 주었다.

영국 박물관의
두 얼굴

인도관에서 나와 한국관을 둘러보았다. 큰 감흥은 없었다. 곧 우리 땅에서 살아 숨 쉬는 유적과 유물을 만날 수 있을 테니 말이다. 어떤 사람들은 세계인이 두루 찾는 영국 박물관인데, 한국관이 초라하게 느껴진다고 불평을 쏟아내기도 한다.

하지만 여기에도 발상의 전환이 필요할 것 같다. 나는 영국 박물관에서 오히려 제자리에 있어야 할 유물의 의미를 깨달을 수 있었다. 사실 나는 영국 박물관을 돌아다니며 여러 유물을 살펴보는 동안, 그저 유물에 얽힌 설명을 읽고 유물의 아름다움이 주는 의미를 '배웠을' 뿐이다. 실제로 아름다움을 '느끼지'는 못했다.

이집트관에는 누워 있는 미라들이 전시되어 있다. 죽은 사람을 전시해 놓았다는 점에서 조금 무서운 느낌이 들기도 한다.

만약 그 유물들을 원래 있던 자리에서 만났더라면, 훨씬 더 큰 감동을 받았을지도 모르겠다. 석굴암에 있어야 할 부처님 상이 영국 박물관 한국관에 있다 한들 정녕 아름다워 보일까? 그랬기에 어느 나라 유물이 보잘것없다거나, 어느 나라 전시실이 초라하다거나 하는 생각은 들지 않았다.

이집트관으로 발길을 돌렸다. 가지런히 누워 있는 미라의 모습들이 충격적이었다. 삶을 누리던 한 인간이 그런 모습으로 누워 있다니. 죽기 전에는 미라가 되는 것이 죽음을 극복하는 방법이라고 믿었을 텐데, 이집트에서 한참이나 떨어진 영국 런던의 박물관에 정착하게 될 줄은 꿈에도 몰랐을 것이다.

이집트관의 미라 전시실을 끝으로 영국 박물관을 빠져나오면서, 나는 빼앗긴 자의 역사와 되찾으려는 자의 역사를 두루 느꼈다. 제국주의의 힘으로 모은 유물들을 보며 가슴이 아프기도 했고, 그것을 세계문화유산으로 공유하려는 노력을 보며 감탄을 하기도 했다.

나는 영국 박물관에서 동전의 양면과 같은 요소들을 숱하게 발견할 수 있었다. 영국 박물관은 빼앗은 자와 빼앗긴 자, 문화재 강탈과 문화유산 보존, 과거와 현대라는 두 얼굴이 함께 머무는 곳이니까. 박물관을 구경하면서 내 예상을 훨씬 뛰어 넘는 시간을 보내야만 했지만, 그보다 훨씬 값진 경험을 할 수 있었다.

• 런던을 돌아보고 싶다면

영국에서 가장 오랫동안 머문 도시는 런던이었다. 런던에는 영국 박물관, 내셔널 갤러리, 내셔널 포트레이트 갤러리, 테이트 모던, 자연사 박물관 등 전시관과 박물관만 해도 엄청나게 많다. 이런 관광 명소들을 그냥 지나칠 수 없다면 런던 중심가에 숙소를 정하면 된다. 나는 세인트 판크라스 역 주변을 추천하고 싶다. 세인트 판크라스 역을 지나는 노선과 맞닿은 관광 명소들이 부지기수니까.

세인트 판크라스 역을 지나는 지하철 노선
• 피카딜리 라인 : 영국 박물관, 내셔널 갤러리, 트라팔가 광장, 뮤지컬 거리 등
• 센트럴 라인 : 영국 박물관, 세인트 폴 성당, 테이트 모던 등
• 노던 라인 : 내셔널 갤러리, 트라팔가 광장 등
• 빅토리아 라인 : 빅토리아 버스 터미널 등

영국 박물관에서 만난
매우 특별한 전시

　나는 영국 박물관에서 특별한 전시회를 만날 수 있었다. '멕시코 혁명
유인물전'이었다. 멕시코 혁명은 1910년 멕시코에서 장기 집권하던 프로
피리오 디아스 대통령에 대항하여 프란시스코 인달레시오 마데로라는
사람이 혁명을 일으키면서 시작된 무장 투쟁이다. 멕시코 혁명은 1920년
대까지 계속되었는데, 내란과 내분이 이어지면서 수많은 사람들이 피를
흘려야만 했다.

　나는 멕시코 벽화 운동의 아버지인 디에고 리베라가 그린 그림 〈농민
지도자 사파타〉 앞에 섰다.

　사파타는 멕시코 남부 빈농들을 규합하여 혁명의 대열에 앞장섰던
멕시코 혁명의 영웅이다. 그리고 사파타와 함께 손을 잡고 멕시코 혁명
을 이끌었던 이는 가난한 이들을 대변하는 의적, 판초 비야였다. 사파타
나 판초 비야는 모두 권력을 잡거나 대통령이 되려는 욕심이 없었던 순
수한 사람들이었다.

　어릴 적 음악 교과서에 실렸던 〈라 쿠카라차〉도 멕시코 혁명 당시 농
민들이 불렀던 노래라고 한다. 노래 가사 중에 '누군가 나에게 미소를 가

져다주네. 그는 바로 셔츠를 벗은 판초 비야. 카란사의 군대는 이미 도망가 버렸네. 판초 비야의 군대가 오고 있기 때문에'라는 구절이 있다. 어릴 때 신나게 불렀던 노래인데, 생각해 보니 노래에 얽힌 사연을 제대로 들은 적은 없었던 것 같다.

극장의 관중들을 그린 그림인 〈관중〉에는 당시 멕시코의 부자와 가난한 사람들이 극명하게 구분되어 있다. 이 그림을 보니 불평등이 있는 곳에서 변화를 원하는 간절한 마음이 생기는 것이라는 생각이 들었다.

〈어떻게 파시즘과 싸울 것인가〉라는 판화 그림에서 각계각층의 인물들이 손에 손을 잡고 있는 모습을 보며, 거대한 모순에 대항하는 방식도 헤아려 볼 수 있었다.

일제 강점기와 한국 전쟁, 군부 독재 시기 등 비극적인 현대사를 품고 있는 한국 사람이라서 그런 것이었을까? 영국 박물관에서 만난 어떤 전시보다도 애틋한 마음으로 바라본 전시회였다.

1 프란시스코 모라가 1944년에 만든 석판화 〈관중〉. 자리에 앉은 부유한 사람과 서서 구경하는 가난한 사람이 확연하게 구분된다. 2 1939년 작품인 〈어떻게 파시즘과 싸울 것인가〉. 서로 다른 계층을 대표하는 네 명이 팔짱을 낀 채 행진을 하고 있다.

*찰스 디킨스 박물관

08

Dickens House Museum

산업 혁명의 뒤안길, 시대의 얼굴을 비추다

찰스 디킨스 박물관

관련 작가 　찰스 디킨스
관련 작품 　《올리버 트위스트》, 《두 도시 이야기》
여행 명소 　찰스 디킨스 박물관, 도버 해협

런던을 그린 작가,
찰스 디킨스

"찰스 디킨스라는 작가를 아시나요?"라고 물었을 때 고개를 갸웃거리던 사람들도 "욕심쟁이 스크루지 영감 이야기를 쓴 사람이에요."라고 하면 고개를 끄덕인다.

스크루지 영감은 세상에서 둘째가라면 서러운 구두쇠다. 그는 크리스마스 이브에도 직원들이 일을 잘 하고 있는지 감시하고, 식사를 같이하자는 조카의 권유도 무시한다. 그에게는 돈 버는 일이 최고니까! 바로 그날 밤, 스크루지 영감은 옛날에 함께 일했던 동업자 마레의 유령을 만나 자신의 과거, 현재, 미래의 모습을 본다. 꿈에서 깬 스크루지는 잘못을 뉘우치고 새사람이 된다.

출간되자마자 초판 육천 부가 순식간에 동이 났다는 스크루지 이야기의 핵심은 무

자린고비 VS 스크루지

엇일까? 빈부 격차의 모순, 부자들의 탐욕스러운 모습에 대한 비판이 아니었을까?

이 작품은 '빅토리아 여왕은 두 나라를 다스린다. 부자가 사는 나라, 가난한 자가 사는 나라.'라는 말이 유행하던 19세기 영국의 모습을 그대로 보여 주고 있다. 당시 부자들과 가난한 사람들은 같은 나라에서 살았지만 삶의 질이 완전히 달랐다. 게다가 그들 사이에는 공감할 만한 공통된 화제가 아무것도 없었다.

산업 혁명의 격동 속에서 온갖 문제가 다 부글부글 끓어올랐던 19세기 런던, 그 안에는 가난한 사람의 고통과 부자의 탐욕에 대해 외쳤던 찰스 디킨스가 있었다.

사실, 런던 곳곳에 찰스 디킨스의 흔적이 남아 있다. 그가 쓴 소설의 대부분이 런던을 배경으로 하고 있기 때문이다. 나는 우선 '찰스 디킨스 박물관'을 찾아갔다. 그가 잠깐 살던 집을 박물관으로 개조한 건물이었다. 찰스 디킨스는 작가로서 성공을 거둔 뒤인 1837부터 이 년 동안 이 집에 살았다고 한다. 그러니까 여기 살면서 《올리버 트위스트》를 연재하고, 이를 묶어서 책으로 발간한 셈이다.

찰스 디킨스 박물관은 특별한 인물이 살았던 집이라는 표시인 블루 플락이 없으면 그냥 지나치기 쉬운 평범한 건물이었다. 19세기 런던에서 처음으로 시작된 블루 플락은 1986년부터 영국 문화유산재단에서 관리하고 있다고 한다. 그 덕분에 박물관을 쉽게 찾아서 블루 플락이 새삼 고맙게 느꺼졌다.

유럽에서 박물관 구경을 하고 나면, 종종 돈이 무지하게 아깝다고 느껴질 때가 있었다. 국립 박물관들은 대부분 무료라서 그렇지 않은데, 어렵게 찾아가서 비싼 입장료를 내고 들어간 소규모 작가 박물관에 모조 인형과 같은 허접한 전시물만 있을 경우에는 정말이지 화가 날 지경이었다. 물론 개인적으로 전시물에 얼마만큼 의미 부여를 하느냐에 따라 받아들이는 정도가 달라지겠지만.

그런데 찰스 디킨스 박물관은 특이하게도 일반 가정집을 방문한 것처럼 입구에서 초인종을 눌러야만 했다. 그러면 박물관의 자원봉사자가 문을 열어 주었다. 입구에서부터 19세기 영국의 모습을 고스란히 보여 주는 느낌이랄까?

가난한 사람들에 대한 한없는 애정
《올리버 트위스트》

일층에 있는 첫 번째 방에 들어가니 벽에 디킨스의 어린 시절 사진들, 그리고 그의 성장을 보여 주는 사진들이 붙어 있었다. 벽난로 옆에는 방금 전까지 디킨스가 사용했을 것만 같은 오래된 책상과 의자가 놓여 있었다. 실제 디킨스가 사용했던 가구인지는 확인을 하지 못했지만, 디킨스는 이곳에서 글을 쓰고 사람들과 이야기를 나누었겠지.

¹ 디킨스 박물관 방향을 알려 주는 표지판. 그런데 왜 항상 주변에만 가면 헤매게 되는 걸까? ² 디킨스 박물관 입구. 《크리스마스 캐럴》의 삽화로 꾸며 놓았다. 특별한 장식이 없어서 그냥 지나칠 뻔했다. ³ 박물관 정원에 놓여 있는 의자. ⁴ 찰스 디킨스가 어린 시절을 보낸 건물이라는 표지판. 1932년에 소실된 디킨스의 집에서 가져온 것이다. ⁵ 초상화의 변천으로 디킨스의 일생을 나타낸 전시물. ⁶ 당시 서재 분위기를 재현한 소품들. 실제로 디킨스가 앉았던 의자는 아니라고 한다.

　이층으로 올라가는 계단 벽에는 디킨스의 대표작이라고 할 수 있는 작품 《올리버 트위스트》의 한 장면이 걸려 있는데, 올리버가 구빈원에서 먹을 것을 더 달라고 요청하는 유명한 장면이었다.

　이층에 위치한 서재는 디킨스가 살던 당시 모습 그대로 꾸며져 있었다. 서재에는 그가 어떻게 작품을 쓰고 출판했는지 상세히 살펴볼 수 있는 자료들이 전시되어 있었고, 그와 친분을 유지했던 작가들의 이야기, 디킨스가 손으로 직접 쓴 원고도 볼 수 있었다. 디킨스가 쓴 책의 초판본들, 디킨스의 어린 시절 이야기를 그림으로 꾸민 자료, 이야기를 구상하고 있는 디킨스의 모습이 담긴 초상화도 눈에 띄었다.

　어린 시절에 읽었던 《올리버 트위스트》는 온갖 역경을 겪은 불행한 소

1 디킨스의 불우한 어린 시절을 묘사한 그림. 2 디킨스의 친필 원고. 한 자도 제대로 알아볼 수가 없다니. 3 디킨스가 작품 활동을 하던 시기에 책이 어떻게 만들어졌는지 설명하는 안내문. 손으로 만든 느낌이라 왠지 친근하다.

DICKENS THE WRITER ④ WRITING INTO PRINT

Dickens sent his manuscripts, with all their scribbled changes, straight to a printer's workshop. Printers, using traditional methods devised four hundred years before by Gutenberg, created the printed text by setting every letter of every word and line in metal type.

When the text had been set up in metal type, the printer printed a 'proof'. Dickens now saw his text in print for the first time, and had an opportunity to make more corrections. He might have to make the text longer or shorter, to achieve the 32 pages that comprised a monthly instalment.

A small printing workshop; enlarged photograph of a wood-engraving.

Two printers working a hand-press. The press is of traditional design, but made of cast iron, not, as in the past, of wood. One printer applies the ink and pulls the press. The other puts on and takes off the paper.

The 'compositor' composes the text letter by letter, by taking metal types from the rack in front of him.

Eight pages of text (composed with metal types), locked up in a 'forme', so that they can be printed together on one sheet of paper.

Printing presses were mechanised during the later 19th century. Dickens's earliest works would have been printed on a hand-press, but a mechanical press, like the Napier power platen press (right; enlarged photograph of a wood-engraving), would probably have been used for his later works.

년이 행복한 삶을 찾게 된다는 결말 부분만 머릿속에 남았다. 19세기 산업 혁명기의 런던이라든가, 가난한 사람들을 더욱더 힘들게 만들었던 끔찍한 법에 대해서는 전혀 생각하지 못했다. 왜 《올리버 트위스트》와 같은 작품이 탄생하게 되었는지는 더더욱 몰랐다.

박물관 이층 한 모퉁이에 《올리버 트위스트》에 들어간 삽화와 소설의 배경이 된 빈민 구제법 등에 대해 설명하는 안내문이 걸려 있었다. 설명을 보니 1834년 영국에서 새로운 빈민 구제법이 발표되었다고 한다. 말이 빈민 구제법이지, 오히려 빈민을 옭죄는 법이었다. 구제를 받기 위해서는 구빈원에 들어가야 했는데, 구빈원에서의 생활은 무조건 노동자의 최저 생활보다 낮게 유지해야만 하는 게 규정이었다.

법에 따라 가족은 뿔뿔이 흩어져 구빈원에 수용되었고, 거기에서 학대받아야 했다. 《올리버 트위스트》에 '체계적으로 진행된 사기와 거짓의 희생자'로 올리버를 표현하는 구절이 나온다. 아마도 당시 가난한 사람들은 대부분 올리버와 같은 취급을 받았으리라.

올리버는 태어나자마자 구빈원에 가야 했고, 밥을 더 달라는 말을 했다는 이유로 지옥 같은 노동 착취의 세계로 던져진다. 거기서 벗어나기 위해 발버둥을 치지만, 런던 뒷골목의 사기꾼들에게 이용당하기에 이른다.

도망쳐서 잠시 행복한 삶을 살게 된 올리버. 그렇지만 또다시 사기꾼 패거리의 소굴로 끌려간다. 악당들은 올리버를 자신들처럼 범죄 패거리로 끌어들이기 위해 눈이 벌게져 있다. 물론 여기에는 올리버에게 얽힌 출생의 비밀도 도사리고 있다. 그래도 착한 사람이 하나는 있는 법! 올리버는 매춘부 낸시의 도움으로 수렁에서 벗어나지만, 그를 도와준 착한 낸시는 살해당하고 만다.

나는 밥을 더 달라고 숨죽여 이야기하는 올리버와 그를 무섭게 노려보는 구빈원 원장이 그려진 그림을 보며 몇 가지 생각을 떠올렸다.

하나는 인간의 '악함'이 어디까지 갈 수 있는지에 대한 물음이었다. 배고프다는 아이를 국자로 내려치는 인간이라니. 그 밖에도 무서울 정도로 탐욕스러운 인물들이 등장한다. 올리버를 가리키며 "결국 이런 놈은 교수형을 당할 거야."라고 떠벌리는 신사들, 온갖 악행을 저지른 악당인 자신에게 사랑을 베풀던 여인을 살해하는 사이크스, 탐욕으로 인해 올리버를 범죄 소굴로 내모는 올리버의 이복형 등 등장인물들이 갖고 있는 탐욕과 냉정함은 소설임에도 불구하고 나를 무척이나 두렵게 만들었다.

현실이라고 다를까? 소설 속에 그려진 악한 인물들이, 현재도 우리 주변에서 흔히 찾아볼 수 있기에 짐짓 두려움을 느꼈는지도 모르겠다.

그리고 하나 더 떠오른 물음은 '과연 문학이 하는 일이 무엇일까?' 하는 점이었다. 물론 이미 대답이 나온 질문이라고 할 수 있겠다. 디킨스의 작품이 바로 대답이었으니까.

선생님이 되어 아이들에게 해 줄 이야기를 찾다가 《올리버 트위스트》를 선택한 적이 있었다. 학생들과 대화를 나누다 보니 문학은 우리에게 참으로 많은 이야기를 들려주었다. 올리버라는 소년을 통해 자신의 의사와 상관없이 가난과 고통 속에 던져진 운명을, 그 운명을 괴롭히는 악당들을, 이 상황을 부추기는 사회를 바라볼 수 있는 기회를 주었다. 그리고 마지막에는 이런 복잡한 상황 속에서 '선'을 지키는 아름다운 사람이 있다는 희망을 가질 수 있게 만들어 주었다.

이것이 바로 문학이 할 수 있는 아주아주 중요한 역할이 아닐까?

런던 뒷골목에 남아 있는
디킨스의 발자취

영국이 낳은 세계적인 문학가 찰스 디킨스. 그는 1812년 2월 7일 영국 남부 도시 포츠머스에서 여섯 남매 중 둘째로 태어났다. 그의 어린 시절은 가난 때문에 어둡고 우울했다. 아버지 존 디킨스는 해군 회계과 서기였다. 하지만 아버지가 빚 때문에 교도소에 수감되자, 디킨스는 열두 살에 가족과 헤어져 구두약 공장에서 일해야 했다.

디킨스는 아버지가 감옥에서 나온 뒤 삼 년 동안 웰링턴 아카데미 하우스에 다니며 교육을 받았고, 15세에는 변호사 사무실의 사환으로 사회생활을 시작한다. 한때 자신보다 높은 신분 계층인 은행가의 딸 마리아를 사랑했으나 사랑은 이루어지지 못했다. 그 뒤, 캐서린 호가스와 결혼했으

나 결혼 생활이 그리 순탄치만은 않았다고 한다.

박물관 이층에 '디킨스의 여자 친구들'이라는 방이 있었다. 디킨스의 처제인 메리의 방이었다. 디킨스는 아내보다 처제인 메리와 지적인 교감을 나누었으며, 메리가 죽은 뒤에는 메리의 동생인 조지아나에게 의지했다고 한다. 그의 아내 캐서린도 초상화나 흉상으로 미루어 볼 때, 꽤 지적인 미인인 것 같은데 왜 그랬을까? 사람의 마음은 참으로 알 수 없는 건가 보다.

디킨스는 《올리버 트위스트》를 출간한 이후로도 끊임없이 대작을 발표했다. 《데이비드 카퍼필드》, 《두 도시 이야기》, 《위대한 유산》에 이르기까지. 왕성한 작품 활동과 함께 여행과 작품 낭독회도 계속했다.

그는 건강을 해쳐 몸 한쪽이 마비될 만큼 쇠약해졌음에도 낭독회를 멈

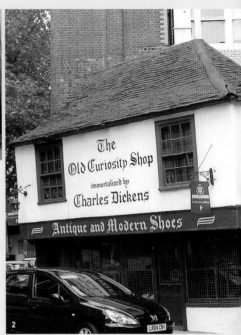

1 디킨스와 그의 아내를 그린 초상화.　2 골동품 상점. 지금은 신발 가게라는데 내부는 구경도 못 했다.　3 런던 다리. 안개가 낀 다리였으면 더 실감이 났을지도 모르겠다.

추지 않았다. 집필 활동 역시 중단하지 않았다. 작가다운 마지막 모습을 보이고 싶어서였을까? 1870년 6월 8일, 디킨즈는 결국 자신의 서재에서 하루 종일 원고를 쓰고 난 후 쓰러져 다시는 일어나지 못했다.

런던 곳곳에 디킨스의 흔적이 남아 있어서 찾아가는 재미가 나름 쏠쏠했다. 디킨스의 소설 제목이기도 하고, 소설 속에 등장하는 가게 이름이기도 한 '골동품 상점'은 옛날 흔적을 고스란히 간직한 채 아직까지 남아 있다고 한다. 궁금한 마음에 찾아갔더니 문이 굳게 닫혀 있었다. 이런, 생각해 보니 그날이 하필 일요일이었다!

런던 다리에서도 디킨스의 작품 속 내용이 떠올랐다.《올리버 트위스트》에 등장하는 낸시가 올리버를 살리기 위해 노신사 브라운로우 씨를 안개 낀 밤 런던 다리 위에서 몰래 만나는 긴장감 넘치는 장면. 나도 런던 다리를 걸어서 건너 보았다. 다리 위에서 런던 도심을 바라보니, 백오십여 년 전에 디킨스도 이 자리에서 똑같이 런던 시내를 바라보았으리라는 생각이 들었다. 아, 그냥 경치만 감상하는 것과 다른 문학적 감동이 밀려오는 이 느낌!

도버 해협을 보며 '두 도시'를 떠올리다

찰스 디킨스의 《두 도시 이야기》는 프랑스 혁명이 발발한 격동기, 런던과 파리를 배경으로 부패한 영국을 비판한 소설이다.

소설은 은행가 자비스가 마차를 타고 도버 대로를 내달리는 장면으로 시작된다. 여주인공 루시와 그녀의 아버지가 서로 만나 볼 수 있도록 서두르는 자비스.

그 장면을 떠올리자 나는 런던에서 도버 항을 거쳐 파리로 가 보고 싶었다. 그래서 나는 디킨스 박물관을 다녀온 며칠 뒤, 충동적으로 기차에 몸을 싣고 영국 남쪽에 있는 도시 도버로 향했다.

《두 도시 이야기》속 인물들은 당시 가장 핫(!)한 도시였던 런던과 파리, 두 장소를 오가며 사건에 휘말린다. 그들은 두 도시 사이에서 삶과 죽음, 복수와 희생, 분노와 사랑 사이를 넘나든다. 디킨스는 《두 도시 이야기》를 쓸 당시, 가족들과 파리에서 생활하면서 한 달에 한 번 런던으로 여행을 했다고 한다. 지금처럼 특급 열차가 있었던 것도 아니고, 비행기를 탈 수 있었던 때도 아니니, 그는 항상 도버 항을 거쳐야만 했을 테다. 디킨스는 그렇게 스스로 두 도시 사이를 오가며, 역사 속에 휘말리는 개인의 삶을 상상하며 작품을 썼던 것이다.

런던에서 기차를 타고 떠나 도버에 도착했을 때 비가 흩뿌리고 있었다. 소설 속에서 꼬박 하루가 걸렸던 길을 나는 한 시간 반 정도 걸려 도착한 셈이었다.

나는 이왕 길을 나선 김에 《두 도시 이야기》에 등장하는 곳곳을 둘러보고 싶은 욕심이 났다. 여주인공 루시의 아버지가 십팔 년 동안 갇혀 있던 바스티유 감옥, 루시의 연인 찰스 다네가 처형을 앞두고 수감되었던 콩시

¹ 도버에서 볼 수 있는 흰색 절벽. '화이트 클리프'라고 불린다. ² 도버 항. 지금도 프랑스로 향하는 배가 여기서 출발한다.

에르제리 감옥에도 가 보고 싶었다. 하지만 프랑스까지 갈 엄두가 나지 않아, 도버 항 주변을 어슬렁거리는 걸로 대신하고 말았다.

지금 생각해 보면 배를 타고 프랑스까지 다녀왔어도 좋았을 텐데, 그때는 용기가 나지 않아 멀리 도버 항구와 도버 성만 하염없이 바라보다가 돌아왔다.

비는 내리지, 딱히 갈 데는 없지, 떠오르는 소설 속 이야기는 우울하지, 여러 모로 마음이 울적했다. 그 순간, 디킨스 소설 속의 등장인물 한 명이 떠올랐다.

《두 도시 이야기》에 시드니 카턴이라는 사람이 등장한다. 카턴은 삶을 싫어한 사람이다. 빨리 죽게 되길 바라며 술을 위안 삼아 살아간다. 그러나 루시를 향한 사랑만큼은 진실했다. 그래서 루시를 위해, 루시의 남편 다네로 변장한 채 다네 대신 형장의 이슬로 사라진다. 등장인물 중에서 가장 비장하다고 생각했던 시드니 카턴. 삶의 의미를 죽음에서 찾은 인물이다.

찰스 디킨스는 산업 혁명의 그늘 속에서 어둡게 살아야 했던 런던 뒷골목 사람들의 삶을 절절하게 그려냈다. 하지만 찰스 디킨스가 자신의 작품과 일치된 삶을 살았던가에 대해서는 마냥 고개를 끄덕거릴 수만은 없을 것 같다. 윤흥길 작가의 소설 《아홉 켤레의 구두로 남은 사내》에서 이런 문장을 읽은 기억이 난다.

> 밤늦도록 이리 뒤척 저리 뒤척 하면서 내가 생각한 것은 찰스 램과 찰스 디킨스였다. …… 똑같은 이름을 가진 점 말고도 그들 두 사람은 공통점이 많은 것으로 알려져 있다. 우선 불우한 유년 시절을 보낸 점이 그렇고, 문학 작품을 통해서 빈민가의 사람들에 대한 동

윤흥길 작가가 디킨스와 비교했던 수필가, 램

1775년 런던에서 태어난 찰스 램은 빈민을 위한 학교에 다녀야 했을 정도로 불우한 환경에서 자랐다. 특히 1796년에 정신 발작을 일으킨 누이가 어머니를 살해하는 충격적인 사건을 겪는다. 이 사건 후, 정신병이 자신에게도 유전되리라는 걸 알게 된 그는 평생 누이를 돌보며 독신으로 지냈다.
1823년 자신의 필명인 '엘리아'로 엮어 낸 수필 《엘리아의 수필》이 큰 인기를 끌게 된다. 그의 수필은 주변의 사물에서 유머를 이끌어 내는 데 탁월하며, 너그러운 마음으로 사람을 바라보는 시각이 탁월하다고 평가받는다.
말년에는 누이와 같은 정신병 증상에 시달리다가, 산책 중에 넘어져 세상을 떠났다.

찰스 램과 누이인 메리 램의 초상화.

정과 연민을 쏟은 점이 그런 모양이었다. 하지만 그들의 성이 각각 이듯이, 작품을 떠난 실제 생활에서의 그들은 성격이 딴판이었다고 한다. 램이 정신 분열증으로 자기 친모를 살해한 누이를 돌보면서 평생을 독신으로 지내는 동안 글과 인간이 일치된 삶을 산 반면에, 어린 나이에 구두약 공장에서 노동하면서 독학으로 성장한 디킨스는 훗날 문명을 떨치고 유족한 생활을 하게 되자 동전을 구걸하는 빈민가의 어린이들을 지팡이로 쫓아 버리곤 했다는 것이다. ……

가급적이면 나는 램의 편에 서고 싶었다. 그러나 디킨스의 궁둥이를

걷어찰 만큼 나는 떳떳한 기분일 수가 없었다.

나는 사람의 삶과 시대를 통찰하고, 그것으로 훌륭한 작품으로 만들어 낸 대작가에게 한없는 존경심을 드러냈다. 그렇지만 뛰어난 작가이기에 앞서, 한계를 지닌 '인간'이라는 걸 생각하며 런던으로 향하는 기차에 올랐다. 윤흥길 작가의 '나는 떳떳한 기분일 수가 없었다.'는 문구를 되뇌면서.

도버에는 여전히 비가 내리고 있었다.

• 유럽과 영국을 이어 주는 도버

《두 도시 이야기》를 떠올리며 설레는 마음으로 찾아갔던 도버. 도버에 가면 도버 해협을 건너 프랑스로 가 보는 게 가장 좋을 듯하다. 영국의 도버 항에서 프랑스의 칼레 항까지 한 시간 반이 채 걸리지 않는다고 하니 하루 만에 두 나라를 왔다 갔다 할 수 있다.

도버의 관광지로 석회암으로 이루어진 '화이트 클리프'라는 절벽이 있다. 이것과 비슷한 절벽이 프랑스 쪽에도 있다고 한다. 오래전 하나였던 대륙에서 떨어져 나온 흔적이란다. 그래서 영국과 프랑스는 예로부터 도버 항을 통해 서로 드나들었나 보다.

소설에 삽화가 들어가기 시작한 건
언제부터일까?

우리가 찰스 디킨스의 소설을 생각할 때 머릿속에 떠오르는 캐릭터들이 있다. 《올리버 트위스트》의 경우 빵모자를 쓰고 약간 짧은 듯한 바지를 입은 소년의 이미지가 떠오르고, 《크리스마스 캐럴》을 생각하면 수면 모자를 쓴 삐쭉한 얼굴의 할아버지를 떠올리게 된다.

찰스 디킨스가 작품 활동을 하던 영국 빅토리아 시대에는 작가의 책에 화가의 그림을 넣는 '삽화 소설'이 크게 인기를 끌었다. 그중에서도 소설과 삽화가 만들어 내는 명장면과 개성 있는 캐릭터로 단연 유명한 작품이 바로 찰스 디킨스의 소설이었다.

탁월한 이야기꾼으로 평가받던 디킨스조차 삽화가가 없었다면 자신의 작품이 그렇게 큰 인기를 끌 수 없었을 거라고 말했다고 한다. 소설의 상상력을 떨어트린다고 생각되던 삽화가 오히려 소설의 재미를 더해 주는 요소로 이미지가 바뀌게 된 것이다.

《올리버 트위스트》는 당시 가장 유명한 삽화가 중 한 명이었던 조지 크뤼크섕크가 삽화를 그려 폭발적인 인기를 누렸다. 우리가 소설을 떠올릴 때 캐릭터의 모습이 먼저 생각난다면, 그건 바로 삽화 때문이다!

1 구빈원 원장에게 밥을 더 달라고 이야기하는 올리버. 《올리버 트위스트》에서 가장 유명한 장면 중 하나이다. 2 구빈원에서 도망친 올리버가 소매치기 두목 페긴에게 소개되는 장면. 3 다시 도둑 소굴로 잡혀 가는 올리버. 옆에서 팔을 잡은 여자가 혹시 낸시는 아닐까? 4 메일리 아주머니의 집 앞에 도착한 올리버.

* 힐탑 농장

9

어디로 이어진지 모르기에 더욱 아름다운 길

베아트릭스 포터 농장

관련 작가	베아트릭스 포터
관련 작품	《피터 래빗》
여행 명소	힐탑 농장, 혹스헤드 마을

《피터 래빗》의 어머니
베아트릭스 포터

"어떤 이야기의 첫마디를 시작하려 하면 늘 가슴이 두근거린다. 그 이야기가 나를 어디로 데려갈지 모르기 때문이다. 이번엔 여기에서부터다."

영화 〈미스 포터〉의 첫 부분과 마지막 부분에 똑같이 나오는 대사다. 이 말 한마디가 나를 윈더미어로 이끌었다.

겨울 영국 여행의 막바지에 나는 에든버러로 향하고 있었다. 에든버러에 있는 숙소에서 사흘 동안 묵을 예정이었다. 주로 스코틀랜드 북부의 웅대한 산악 풍경을 보고 올 계획을 세우고 있었다.

여름에 한 번 갔다 왔던 기억을 더듬어 킹스 크로스 역에서 에든버러 행 기차를 탔다. 다섯 시간 내내 창밖 풍경만 바라보기는 지루할 듯해서 노트북을 켜고 뒤적였다.

뭐 볼 만한 영화가 없을까? 어, 〈미스 포터〉가 있었네? 영화가 시작되고 아름다운 호숫가 풍경이 펼쳐지자, 내 눈과 귀는 이내 영화 속으로 빠져

들었다.

여성이 직업을 갖는 것보다 좋은 배우자를 만나 결혼하는 게 미덕이라 여겼던 19세기. 베아트릭스 포터라는 여성이 있었다. 그녀는 서른 살이 넘도록 결혼을 하지 않은 채, 주변의 동물들을 관찰해서 그린 그림에 재미있는 이야기를 덧붙이곤 했다. 푸른 코트를 입은 토끼 '피터 래빗'도 베아트릭스의 기발하고 풍부한 상상력과 만나 그렇듯 멋지게 탄생했다.

하지만 그 당시에 책을 출판하기란 그리 쉽지 않았다. 그러다 우연히 한 출판사 사장이 그녀의 책을 출판하겠다고 나섰다. 새내기 출판업자인 동생에게 연습 삼아 일을 시켜 보려 한 것이었다.

이를 계기로 베아트릭스는 담당 편집자인 노먼을 만나게 되었고, 오래

지 않아 두 사람 사이에는 작가와 편집자 이상의 감정이 싹텄다. 베아트릭스의 책《피터 래빗》은 출간되자마자 엄청난 인기를 끌었으며, 두 사람은 또 다른 책을 구상하며 결혼을 약속했다.

하지만 베아트릭스 집안에서는 두 사람의 결혼을 막으려고 안간힘을 썼다. 베아트릭스의 부모님은 두 사람에게 몇 달 동안만 떨어져 지내면서 생각해 본 뒤에도 결혼할 마음이 변하지 않는다면 허락을 하겠다고 구슬렸다. 결국 두 사람은 잠시 동안이라 여기고 한시적인 작별을 하는데, 안타깝게도 그사이에 노먼이 그만 병에 걸려 세상을 떠나고 말았다.

슬픔과 실의에 빠진 채 쓰러져 있던 그녀를 구한 건 주위의 동물들, 그리고 호수 지방의 아름다운 자연이었다. 베아트릭스는 사랑의 슬픔을 딛고 다시 일어서서, 자신의 아픔을 치유해 준 호수 지방에 삶의 둥지를 틀고 꿋꿋이 살아갔다.

영화의 마지막 장면, 너른 들판과 푸른 호수가 어우러진 아름다운 장면이 끝없이 펼쳐졌다. 그리고 그녀의 말소리가 들렸다.

"어떤 이야기의 첫마디를 시작하려 하면 늘 가슴이 두근거린다. 그 이야기가 나를 어디로 데려갈지 모르기 때문이다. 이번엔 여기에서부터다."

바로 영화의 첫 장면에 나오는 대사였다.

영화가 끝나고 창밖으로 눈을 돌렸다. 창밖 풍경이 아름다웠다. 아무리 보아도 질리지 않는 푸른 들판. 무성하지 않아도 부드럽고, 따뜻하지는 않아도 푸근한 자연의 품을 마음껏 느낄 수 있었다.

거의 다섯 시간 동안 기차를 탔는
데도 별로 지루하지 않았다. 달리는
동안 푸른 잔디와 양 떼, 파란 구름
이 한없이 이어졌다. 그러다가 비를
몰고 다니는 검은 구름이 나타났다
물러나고, 다시 화창한 햇살과 파란
하늘이 드러났다.

나는 창밖을 살피며 우리가 사는
모습과 비슷하다는 생각을 했다. 슬
픔이 몰려와도 또 다른 날이 시작되는 우리 삶이, 몰려오는 구름과 비를 만
나지만 곧 빛나는 햇살이 다시 얼굴을 드러내는 풍경과 무척이나 닮아 보
였다. 비구름 너머에 푸른 하늘이 있다는 사실만으로 위안이 된다는 점까
지도.

"윈더미어에 가고 싶은데요. 여기서 기차로 갈 수 있을까요?"

에든버러 역에 내리자마자 안내소에서 물어보았다.

영화를 보는 내내 윈더미어에 다녀와야겠다고 마음을 굳힌 터였다. 영
화 속 이야기이긴 하지만, 베아트릭스의 아픔을 위로해 준, 그리고 그녀의
창작열을 불태우게 만들었던 호수를 꼭 보고 싶었다.

사실 겨울철 호수를 구경할 생각은 전혀 없었기 때문에, 이번 여행에서
그렇게 경치가 아름답다는 호수 지역은 아예 갈 생각조차 하지 않고 있었
다. 하지만 갑작스러운 계획 변경 또한 여행의 즐거움이니까!

역무원은 컴퓨터 자판을 몇 번 두드리더니 종이 한 장을 출력해 건네며 친절하게 안내해 주었다. 오전 아홉 시 반에 기차가 있는데, 옥센홀름에서 갈아타면 된다고 했다. 두 시간 넘게 걸린단다. 다음 날 아침, 나는 옥센홀름으로 가는 기차를 타고 있었다.

아름다운 호수의 도시, 윈더미어

전날 밤, 에든버러에서 즐거운 일만 가득했다면 사실 에든버러에 더 머물렀을지도 모르겠다. 하지만 예약한 숙소는 옛 서부 영화 속에나 나올 듯 음침한 데다 퀴퀴한 냄새까지 나지 않나, 주인 아저씨는 영화에 나오는 갱처럼 무섭게 생기지를 않았나…… 두 번째 에든버러 방문이 시작부터 썩 마음에 들지 않았다. 게다가 방에 전기 콘센트가 보이지 않길래 물어보았더니, 사용하려면 따로 돈을 내야 한단다.

일단 숙소에 짐을 풀고 나와 에든버러 거리를 기웃거려 보았다. 하지만 겨울이라서 그런지 거리는 금세 어두워지고 적막감까지 감돌았다. 여름 축제 무렵의 유쾌한 분위기가

노트북 충전은 어떻게 하라는 거죠?

따로 돈을 내면 연결해 주지!

악, 짱나!

아름다운 윈더미어 호수.

전혀 느껴지지 않았다.

나는 미련 없이 에든버러를 떠나기로 결정했다. 아침에 숙소를 나오며 예약했던 나머지 이틀치 숙박비까지 다 내고는 방을 빼고 말았다.

에든버러에서 윈더미어까지 가는 기차 여행은 즐거웠다. 속도도 빨랐고, 창밖 풍경도 아름다웠다. 옥센홀름에서 윈더미어로 가는 기차를 갈아 타고, 네 정거장쯤 가니 윈더미어였다. 겨울철이라 관광객이 거의 없었다.

나는 어딜 가나 문제를 일으키는 무거운 가방을 끌고 낯선 도시에서 두리번거렸다. 일단 숙소를 찾아야 했다. 관광 안내소에 들렀더니, 아뿔싸! 목요일마다 문을 닫는단다. 하필 또 오늘이 목요일이람.

그때부터 아무나 붙잡고 묻고 나서 걷고, 또 물어보기를 반복했다. 큰 길을 따라 죽 걷다가 멋진 집 하나를 발견했다. 주인을 찾아 빈방이 있

1 베아트릭스 포터가 거닐었을 것만 같은 호수 주변의 산책로. 2 베아트릭스 포터의 세계. 겨울 여행의 단점은 가게가 모조리 닫혀 있다는 점!

는지 물어보았더니 겨울인데도 다 찼단다. 계속해서 빈방 없음, 빈방 없음……. 아니, 기차에서 내리는 여행객도 없었던 것 같은데 이게 웬일이람? 그러다 골목길에 있는 자그마한 집에서 반가운 문구를 발견했다. 빈방 있음!

친절한 여주인 덕분에 윈더미어 주변에 대해 이것저것 알 수 있었다. 이십 분만 걸어가면 윈더미어 호수를 볼 수 있는데, 그 마을 이름이 보네스란다. 게다가 윈더미어 호수를 구경할 수 있는 유람선이 다닌다는 정보와, 베아트릭스 포터가 살던 힐탑 농장에 가려면 윈더미어 역 앞에 있는 버스 정류장에서 혹스헤드행 버스로 갈아타면 된다는 사실도 알아냈다.

일단 보네스 마을 쪽으로 걸어갔다. 보네스 마을까지는 일직선으로 쭉 걷기만 하면 되었다. 맑고 상쾌한 공기가 코끝을 스쳐 지났고, 나지막한 관목 울타리를 둘러친 예쁜 집들이며 아기자기한 가게들은 좋은 구경거리가 되었다.

조금 더 걷다 보니 윈더미어에서는 그렇게 구하기 힘들었던 숙소들이 거리를 따라 죽 늘어서 있었고, 베아트릭스 포터의 이야기 속 주인공들이 동화 이야기를 재현해 준다는 '베아트릭스 포터의 세계'도 길가에서 볼 수 있었다. 반가워서 달려가 보았지만, 문은 꽉 닫혀 있었다. 봄이 되어야만 문을 여는 모양이었다.

보네스에 있는 선착장에서 왕복표를 끊고, 유람선에 올라 호수와 그 주변의 산들을 둘러보았다. 곧 자연의 아름다움이 주는 감동에 젖어, 에든버러에서 느꼈던 우울한 마음은 전부 날아가 버렸다.

나는 인간에 대한
연민으로 살았노라

　　　　　　　　　　다음 날 힐탑 농장에 가기 위해 버스를 타고
혹스헤드에 내렸다. 항상 겪는 일이라 익숙해질 법도 한데, 막상 정류장에
내리니 또 막막한 기분이 들었다. 가게 겸 관광 안내소가 있기에 힐탑 농장
으로 가는 방법을 물어보았다. 겨울이라 버스가 다니지 않기 때문에 걸어
가야 하는데 한 시간 삼십 분쯤 걸린단다. 택시로는 갈 수 있다고 하기에
불러 달라고 부탁했더니, 마침 가게 주인아저씨가 택시 기사도 겸하고 있

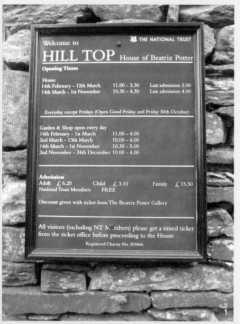

1 힐탑 농장 입구에 있는 안내판. 내셔널 트러스트 단체의 표시를 오른쪽 윗부분에서 찾아볼 수 있다. 2 베아트릭스 포터가 가꾸고 보존한 힐탑 농장. 멀리 보이는 게 농장 건물이다.

었다.

"베아트릭스 포터 때문에 땅값이 비싸졌지요."

주인아저씨가 운전을 하다 뜬금없는 이야기를 꺼냈다.

베아트릭스 포터는 시민 단체인 내셔널 트러스트에 가입해 활동했다. 그녀는 1,600만 제곱미터에 이르는 땅과 농장을 그 단체에 기부한 뒤, 자신이 가장 사랑했던 호숫가 숲에 한 줌의 재로 뿌려졌다. 결국 이 지역의 광대한 땅 대부분이 자연 보호 단체인 내셔널 트러스트의 소유가 되었다. 그러다 보니 개발보다는 자연 보호 쪽에 무게가 실리는 분위기인 모양이었다.

여기서 가게를 운영해 먹고사는 주인아저씨는 자신이 사는 지역이 개발되면 될수록 더 많은 수입을 올릴 수 있을 것이다. 하지만 개발할 수 있는 지역이 한정되어 있으니 땅값이 비쌀 수밖에 없을 터였다.

아저씨는 나를 힐탑에 내려 주고 두 시간쯤 뒤에 다시 오겠다고 했다. 혹시 무슨 일이 있으면 전화하라며 번호도 적어 주었다.

아저씨가 떠나고 나서 고개를 들어 보니 힐탑 농장의 문이 닫혀 있었다. 겨울 여행 중에 닫혀 있거나 운영하지 않는 곳을 워낙 많이 발견해서 그런지 이젠 별로 실망스럽지도 않았다. 나는 힐탑 농장 주변을 어슬렁거리며, 베아트릭스가 산책했을 법한 거리를 따라 걸었다.

목장 사이로 흐르는 물길, 그리고 물 속에 비치는 들풀들의 그림자, 둔덕에 자연스럽게 괴어져 있는 돌담들, 목장과 목장 사이의 경계를 이루며 서 있는 낮은 키의 관목들. 마음이 푸근해지고 시가 저절로 읊어질 것만 같았다.

'작가들은 자연을 사랑하고, 삶을 사랑하는구나. 그리고 고통받는 사람들에 대해 연민을 갖고 있고.'

혼자서 걷고 있으려니 여러 생각들이 떠올랐다. 나는 영국 작가와 문학 작품의 발자취를 쫓아다니며 작가들이 인간에 대해 느끼는 연민의 감정을 배우는 느낌이었다.

며칠 전에 나를 생각에 잠기게 만들었던 찰스 디킨스도, 자연을 벗 삼

'내셔널 트러스트' 운동

내셔널 트러스트(National Trust)는 1895년에 영국 런던에서 설립된 시민 단체이다. 시민들의 자발적인 모금으로, 보존할 가치가 있는 자연 환경이나 문화유산을 지키고 관리하는 시민 환경 운동이라고 할 수 있겠다. 1800년대 후반 산업 혁명으로 영국 곳곳의 자연과 문화유적 등이 파괴되는 일이 빈번하게 일어나자, 아예 훼손을 할 수 없도록 시민 모금으로 그 지역을 사 버려 개발의 논리에 맞선 것이 내셔널 트러스트 운동의 시작이었다.

설립 당시에 겨우 몇백 명 수준이던 단체는 제2차 세계 대전 이후 만 명을 넘어서서, 이제는 전 세계적으로 250만 명 이상의 회원을 보유하고 있는 큰 단체로 성장했다.

우리나라에서는 2000년 1월에 한국 내셔널 트러스트가 설립되었고, 강화군 매화마름 군락지와 서울시 성북구 성북동 최순우 옛집 보호 활동 등을 하고 있다.

한국 내셔널 트러스트에서 보존, 관리하고 있는 최순우 옛집의 모습.

1 혹스헤드 그래머 스쿨. 2 윌리엄 워즈워스가 그래머 스쿨에 다녔다는 안내문. 3 4 베아트릭스 포터의 동화에 등장하는 캐릭터들로 꾸민 찻집과 캐릭터 인형 상점.

아 작품 활동을 했던 베아트릭스 포터도 전부 이렇게 말하고 있는 것만 같았다.

'나는 인간에 대한 연민으로 살았노라.'

감흥에 젖어 길을 걷는데 어디선가 시끌벅적한 소리가 들렸다. 몇몇 사람들이 사냥총을 들고 차에서 내리고 있었다. 이곳에서 사냥을? 베아트릭스 포터가 모든 것을 바쳐 사랑한 이곳에서 동물을 사냥한다고? 사냥꾼 중에 몇몇이 나에게 인사를 건넸지만, 나는 의아하기도 하고 겁이 나기도 해서 건성으로 대답하고는 마을로 걸음을 재촉했다.

조금 걷다 보니 비까지 내려서 다시 택시를 타고 혹스헤드에 내렸다. 마을 입구에 우리나라로 치면 초등학교 정도 되는 '그래머 스쿨'이 있었다. 1585년에 설립되었고, 윌리엄 워즈워드가 1779년부터 1787년까지 이 학교에 다녔다는 표지판이 붙어 있었다.

학교에서 조금 더 올라가니 마을이 한눈에 들어왔다. 호수 지방에서 가장 아기자기하고 아름다운 마을이라더니, 19세기 근처에서 나이를 먹지 않은 듯 예스럽고 조용했다.

언덕에서 내려와 골목길을 걷다 보니 베아트릭스 포터 갤러리와 포터의 캐릭터 상품을 판매하는 가게가 보였다. 푸른 코트에 금단추를 단 토끼, 피터의 모습이 여기저기 눈에 띄었다.

하지만 마주치는 사람이 거의 없을 정도로 관광객이 드문 마을을 혼자서 걷다 보니 좀 외로워졌다. 눈인사를 할 수 있는 사람이라도 지나다녔으면 좋으련만, 겨울이라 그런지 마을 사람들조차 거의 나다니지 않는 모양이었다.

나는 버스를 기다리며 '주왕산에서'라는 부제가 붙은 신경림 시인의 시 〈산수도 사람 때 묻어〉를 어느새 중얼거리고 있었다.

산은 켜로 쌓여

하늘과 닿은 곳 안 보이고

물은 맑은데도 깊이 알 길 없어

이곳이 사람 안 사는 곳인 줄 알았더니

무논에서는 개구리 울고

등 너머에서는 멀리 낮닭

홰치는 소리 들린다

알겠구나, 산수도

사람의 때 묻어 비로소 아름다워지는

이치를

땀과 눈물로 얼룩진 얘기 있어

깊고 그윽해지는 까닭을

• 주인이 친절한 숙소가 제일 좋아!

원더미어에서 머물 예정이라면, 호수 주변의 보네스 마을에서 숙소를 구하는 편이 훨씬 편리하다. 하지만 내가 원더미어에서 어렵게 찾아서 묵었던 '링무어 게스트 하우스'의 여주인은 빼어난 미모만큼이나 친절하기도 해서 계속 기억에 남는다. 친절하게 호수 지방의 관광지를 두루 안내해 준 것도 고마웠지만, 두 번째 날 저녁 침대에 커피를 엎은 내 실수도 고맙게 감싸 줘서 더 그런가 보다.

그때 나는 커피를 타서 한 모금 마시자마자 나머지를 침대 시트에 전부 엎어 버렸다! 한 잔이 다 쏟아진 셈이니 시트 전체가 커피에 물든 건 당연한 일. 사실 실수도 실수지만, 어떻게 말을 해야 하나 본의 아니게 영어 연습을 하다 잠이 들고 말았다. 다음 날 아침, 어렵사리 말을 꺼내자 여주인은 걱정하지 말라고 도리어 나를 위로했다. 그리고 세탁비를 주겠다니까 그것도 괜찮다는 거였다.

떠나는 날, 왠지 고마운 마음에 나는 한국에서 갖고 간 복주머니에 만 원짜리 한 장을 담아 선물로 주었다. 우리나라 돈이 더 기념이 될 것만 같아서였다. 여주인은 행운을 가져다준다는 복주머니에 감탄하더니,

만 원짜리를 보고 조심스레 묻는다.

"실례지만 이 돈이 얼마나 되는 건가요?"

"오 파운드 정도 될 거예요."

실망할까 걱정하며 대답했는데 너무나 기뻐하는 표정으로 고맙단다. 원더미어에 다시 가게 되면 그 집에 다시 묵게 될 것 같다. 여기서 깨달은 여행의 법칙 하나!

'주인이 좋으면 나 좋다.'

쓸 말이 없을 때에는
그만두는 것이 옳다

일생을 호수 지방에서 살며, 자연환경을 보존하기 위해 죽기 전 자신의 농장을 내셔널 트러스트에 기부한 베아트릭스 포터. 목에 목도리를 감은 도마뱀과 당근을 물고 있는 토끼의 모습은 그녀의 작품 《피터 래빗》을 대표하는 이미지이기도 하다.

사실 '피터 래빗' 이야기가 만들어진 계기는 《피터 팬》이나 《이상한 나라의 앨리스》와 비슷하다. 베아트릭스 포터는 어릴 때 자신을 가르쳤던 가정 교사의 아이들에게 토끼가 주인공으로 등장하는 그림 편지를 보낸다. (왜 영국에서는 이렇게 명작이 만들어지는 경우가 많은 걸까? 신기하기도 하지.) 1901년, 베아트릭스는 이렇게 만든 그림 편지들을 묶어 스스로 돈을 내 책으로 펴낸다. 이 책이 바로 《피터 래빗》의 원작이다.

〈미스 포터〉라는 영화 속에서처럼 실제로 로맨스가 있었는지는 모르겠지만, 한 출판사가 실제로 이 책에 관심을 갖고 컬러 삽화를 넣어 책을 출판한다. 그런데 《피터 래빗》은 예상하지 못했던 인기를 얻고, 베아트릭스 포터는 연이어 스물두 권의 시리즈를 집필하게 된다.

하지만 1913년, 늦은 나이에 결혼한 베아트릭스 포터는 스스로 창작

을 그만두고 농장 경영에만 힘을 쏟는다. 시리즈로 크게 성공을 거둔 작가로서는 이례적인 일이었다. 더구나 작가로서 잘 알려진 '베아트릭스 포터'라는 이름으로 불리는 것조차 싫어하며, 비평가들을 피해 다녔다고 한다. 이런 포터의 마음가짐은 그가 한 말에서 잘 드러난다.

"나 자신이 즐거워서 스스로 그림을 그렸다. 자연스럽게 기쁨이 끓어올랐고, 그럴수록 행복한 결과를 얻을 수 있었다. 하지만 다른 사람의 기대에 맞춰 일을 할 수 있는 성격이 아니다. 쓸 말이 없을 때에는 그만두는 것이 옳다고 생각한다."

뛰어난 관찰력으로 자연과 동물의 모습을 매력적으로 표현한 베아트릭스 포터. 그는 작가로서의 남다른 상상력과 창작열, 자연 보호를 행동으로 옮기는 인간적인 면모 말고도, 나아갈 때와 물러날 때를 잘 아는 결단력마저 갖추고 있었던 모양이다.

1 피터 래빗 가족을 소개하는 장면의 삽화. 2 울고 있는 피터와 제비 친구들.

*그래스미어 호수

10

Wordsworth Museum

초원의 빛이여, 꽃의 영광이여

윌리엄 워즈워스 박물관

관련 작가 윌리엄 워즈워스
관련 작품 〈무지개〉, 〈초원의 집〉, 〈수선화〉
여행 명소 워즈워스 박물관, 도브 코티지

하늘의 무지개를 보면
내 가슴은 뛰누나

월리엄 워즈워스는 영국 시인들 중에서 제일 처음으로 알게 된 작가이다. 내가 고등학생 때 사 본 두꺼운 참고서에 워즈워스, 타고르, 예이츠 등 유명 시인들의 시와 고전 문학 작품들이 줄줄이 실려 있던 기억이 난다. 그중에 워즈워스의 시는 두 편이 실려 있었다.

하늘의 무지개를 바라보면
내 가슴은 뛰누나.
내 어릴 때도 그러했고
어른이 된 지금도 그러하고
늙어서도 그러하리.
그렇지 않다면 차라리 죽어야지!

어린이는 어른의 아버지.
나의 하루하루가

자연에의 경건으로 이어지기를.

　　　　　　　—〈무지개〉에서

　이후 워즈워스가 쓴 〈무지개〉의 다른 번역본을 보기도 하고, 세월이 지나면서 내가 잘못 기억하는 시구도 생겼겠지만, 〈무지개〉를 떠올릴 때의 느낌만은 항상 똑같다. 순수한 어린이의 마음으로 무지개를 바라보는 느낌. 하지만 왜 그런 시를 썼고, 어떻게 쓰게 되었는지는 생각을 해 본 적이 없었다. 누구에게 묻지도 않았고, 궁금함을 갖지도 않았다.

　언젠가 텔레비전에서 방영하는 〈초원의 빛〉이라는 영화를 보았다. 그때는 아직 어려서 남녀 주인공의 고민과 슬픔이 무엇인지, 왜 여주인공이 신경쇠약에 걸렸는지 이해도 하지 못한 채 넋을 놓고 영화에 빠져들었다.

　그렇지만 여주인공이 슬픔에 잠긴 눈으로 시를 외다가 결국 울음을 터트리는 장면은 두고두고 기억에 남았다.

초원의 빛이여, 꽃의 영광이여.

그 시절을 돌이킬 수 없다 해도 서러워 말지어다.

차라리 그 속 깊이 간직한 오묘한 힘을 찾으소서.

　　　　　　　—〈초원의 빛〉에서

나중에야 영화의 여주인공이 외던 시가 바로 워즈워스의 시라는 사실을 알게 되었다! 윌리엄 워즈워스와 관련이 있는 영화는 아니었지만 말이다.

영국 문학 여행에서 아름다운 호수 지방을 방문하게 만든 작가가 베아트릭스 포터였다면, 호수 지방 여행에 문학의 의미를 불어넣어 준 작가는 바로 윌리엄 워즈워스였다.

그래스미어의
작은 신사

윈더미어에서 묵던 나는 세 번째 날이 되어서야 워즈워스가 작품 활동을 했던 그래스미어로 향했다. 앞선 이틀 동안은 베아트릭스 포터의 발자취를 따라다니느라 정신이 없었다고나 할까.

버스 정류장에서 그래스미어로 가는 버스가 들어오기를 기다렸다가, 운전기사에게 이렇게 물었다.

"이 버스 그래스미어로 가나요?"

"……?"

"그-래-스-미-어!"

아주 천천히 다시 발음하자 그제야 고개를 끄덕였다. 자리를 잡아 앉아 있는데 사람들이 계속 탔다. 그때 한 소년이 버스에 오르며 운전기사에게 물었다.

"그래스미어로 가요?"

어, 내 발음과 그리 다르지 않은 것 같은데? 하지만 운전기사는 나한테 하던 것과 달리 다시 묻지도 않았다. 내가 외국인이어서 장난을 쳤나 하는 의심을 잠깐 했지만, 우리말에서는 'l' 발음과 'r' 발음이 확연히 구별되지 않는다는 사실이 곧 떠올랐다. 우리는 'ㅂ' 발음과 'ㅃ' 발음을 확실히 구별하지만, 영어권에서는 구별이 쉽지 않은 것과 마찬가지겠지.

어쨌든 발음보다 더 중요한 사실을 알게 되었다. 앞에 앉은 소년이 그래스미어까지 간다는 것! 그러니까 나는 소년이 내릴 때 재빨리 따라 내리기만 하면 되는 거다. 버스에서는 매번 다음 정류장이 어디라고 방송을 해 주었지만, 믿는 구석이 있어서 그런지 내 귀에는 조금도 들어오지 않았다.

소년은 열다섯 살쯤 되었을까? 아니면 열일곱쯤? 아니면 더 어릴지도 모르겠다. 외국 청소년들의 나이는 겉으로만 봐서는 잘 가늠할 수가 없으니까. 아, 드디어 소년이 내릴 준비를 했다. 나는 눈치를 보다가 서둘러 따라 내렸다.

버스에서 내리자마자 소년을 붙잡고 물어보았다.

"워즈워스 박물관에 가려고 하는데, 어느 쪽으로 가면 되니?"

소년이 잠시 고개를 갸웃거렸다.

"아, 도브 코티지요?"

나는 워즈워스 박물관이 그가 살던 집인 도브 코티지와 함께 있다는 사

실을 뒤늦게 알아차렸다.

"조금 전에 내리면 좋았을 텐데, 너무 멀리까지 왔네요."

소년은 자기 엄마나 이모에게 하듯 내 어깨에 손을 얹고 친절하게 말했다. 이런! 이렇게나 친근한 태도로 말을 하다니.

"버스가 왔던 길로 조금만 되돌아가세요. 금방 찾을 수 있을 거예요."

나는 친절한 소년을 만난 김에 끈질기게 물어보았다.

"윌리엄 워즈워스 묘지를 보려면 어디로 가야 하지?"

"아, 바로 저기예요. 저기, 교회 보이죠? 그리로 가세요. 도브 코티지는 버스가 왔던 길로 조금 걸어가시면 되고요. 멋진 여행 하세요!"

처음부터 끝까지 예의바르고 친절한 소년. 고맙다고 인사를 하고 손을 흔들며 헤어졌지만, 외국 여행 중에 이렇게 기분이 좋긴 오랜만이라 도리어 얼떨떨한 느낌이었다.

대체 무엇이 저 소년을 저토록 상냥하게 만든 것일까? 윌리엄 워즈워스가 감탄하고 사랑했던 이 마을과 관계가 있지는 않을는지.

그럴지도 모르겠다. 내가 근무했던 학교 중에 정원이 아름답고 철따라 각양각색의 꽃이 피는 학교가 있었다. 이상하게도 그 학교 학생들은 학년이 올라갈수록 성품이 부드러워지는 걸 느낄 수 있었다. 아름다운 자연환경 속에서 자라난 사람의 마음속에 평화로움과 아름다움이 깃들기 마련이니까.

아, 그런데 저 소년이 여기 사는 사람이 아니라 대도시에서 놀러 온 거면 어떡하지?

시인에게 영감을 준
아름다운 호수

나는 소년이 가르쳐 준 대로 세인트 오스왈드 교회에 먼저 들러 보았다. 워즈워스의 묘지를 안내하는 표지판이 서 있었다. 그 표지판을 따라가니 사람들의 이름이 새겨진 돌이 바닥에 깔려 있었다. 그 묘지를 만드는 데 도움을 준 사람들의 이름인 것일까?

가까운 곳에 '워즈워스의 수선화 정원'이라는 표지판도 있었다. 물론 겨울이어서 수선화는 피어 있지 않았지만, 수선화 구근은 땅속 깊은 곳에서 봄날을 기다리고 있을 것이다.

드디어 윌리엄 워즈워스의 묘지 앞에 섰다. 1850년에 세상을 떠난 시인과 1859년에 세상을 떠난 그의 아내 메리가 함께 묻혀 있었다. 인생의 대부분을 그래스미어 주변에서 보냈고, 자신의 고향을 그 누구보다 사랑했던 시인! 아름다운 자연에 영감을 받아 호숫가에 피어난 수선화처럼 찬란한 시들을 쓴 시인의 무덤 앞에 서자 시만 읽고서는 알 수 없었던 감동이 전해지는 것을 느낄 수 있었다.

소년이 가르쳐 준 대로 버스가 왔던 길을 되짚어 이백 미터쯤 걸으니 윌리엄 워즈워스 박물관이 보였다. 박물관 위쪽이 도브 코티지였다. 박물관 입장권을 사면 박물관과 도브 코티지 모두 관람할 수 있단다.

박물관에는 윌리엄 워즈워스의 생애를 살펴볼 수 있는 전시물들이 있었다. 워즈워스는 생애 대부분을 호수 지방에서 보냈다. 1770년에 태어난

1 워즈워스의 묘지가 있는 오래된 교회. 2 워즈워스 가족묘. 왼쪽에서 세 번째가 워즈워스와 그의 부인 메리의 묘석이다. 3 워즈워스 박물관과 도브 코티지 입구의 안내판. 4 워즈워스 박물관. 내부 촬영이 금지되어 있어서 안타까웠다.

워즈워스는 여덟 살 때 어머니를 잃고, 열세 살에 아버지마저 여의었다. 그래서 친척집을 전전하며 어린 시절을 보내야 했다.

혹스헤드에 있는 그래머 스쿨을 졸업한 워즈워스는 훗날 케임브리지 대학에 입학한다. 대학에 다니던 시절, 프랑스 혁명 1주년을 맞은 프랑스를 여행하다가 그곳 외과의사의 딸인 아네트 발롱과 사랑에 빠져 캐롤라인이라는 딸을 얻는다. 하지만 경제적인 이유로 혼자 영국으로 돌아온 사이, 영국과 프랑스 사이에 전쟁이 터지게 된다. 나중에 영국과 프랑스가 휴전을 했을 때 잠깐 프랑스를 방문했지만, 둘의 사랑은 끝내 결혼으로 이어지지 못한다.

프랑스 혁명을 지지하던 워즈워스는 그 열기가 영국에도 전해지기를 기대했지만, 나폴레옹의 등장으로 혁명의 의미가 훼손되었다고 여기며 절망감에 빠진다. 사랑과 혁명을 향한 젊음의 열정이 세월과 함께 가라앉은 셈이다.

워즈워스의 젊은 시절을 생각하며 그가 지은 시 〈초원의 빛〉을 읽어 보면, 순식간에 사라지는 찬란한 빛처럼 반짝이던 사랑과 혁명의 열기가 느껴지는 것만 같다.

그 후 호수 지방에서 자연과 벗하며 조용히 살아가던 워즈워스는 콜리지라는 시인을 만나게 된다. 그들은 함께 이야기를 나누고, 산책하고, 토론하고, 작품도 함께 쓴다. 이렇게 탄생한 작품이 바로 《서정 시집》이다. 두 사람이 공동으로 집필한 《서정 시집》은 영국 낭만주의 문학의 시작을 알리는 신호탄이 된다.

낭만주의는 인간이 만든 고정된 틀에서 벗어나 자연적이고 진실한 걸 쫓는 문예의 흐름을 말한다. 그래스미어 호수의 분위기는 낭만주의 문학이 추구하는 정신과 맞닿아 있는 듯하다. 넘실대는 호수의 맑은 물, 호수와 어우러진 산과 들, 호수에 담겨 빛나는 반짝이는 하늘과 햇살! 굳이 낭만주의에 대해 구구절절 설명을 하지 않아도 몸과 마음으로 쉽게 느낄 수 있을 듯하다.

워즈워스의 벗, 새뮤얼 테일러 콜리지

1772년에 태어난 영국의 시인이자 비평가인 콜리지는 워즈워스에 가려져 시집을 공동으로 집필한 사람 정도로 알려져 있다. 하지만 가장 박학다식한 작가 중 한 명으로 알려진 콜리지는 워즈워스가 유명해지기 전, 이미 문학 비평가로서 명성을 날리고 있었다. 오히려 워즈워스가 콜리지와 친분을 쌓기 위해 콜리지가 사는 곳과 멀지 않은 곳으로 이사를 하고, 거의 매일 오 킬로미터가 넘는 길을 걸어 방문했다고 전해진다.

하지만 콜리지 역시 친구인 워즈워스의 재능을 한눈에 알아보고 함께 창작 작업을 하기에 이른다. 그 결과물이 바로 1798년에 펴낸 《서정 시집》이다.

이후 건강이 나빠진 콜리지가 요양을 다니며 두 사람 사이는 예전 같지 않게 되었지만, 그들의 우정이 낳은 결과물은 주옥같은 시로 지금까지 전해지고 있다.

콜리지의 초상화. 마흔두 살 때의 모습이다.

워즈워스의
위대한 십 년

워즈워스는 그래스미어 마을의 도브 코티지에서 십 년 정도 살면서 시인으로서 전성기를 보냈다. 그래서 비평가들은 워즈워스가 도브 코티지에서 살았던 십 년을 '워즈워스의 위대한 십 년'이라고 부른다. 그의 빼어난 작품들은 전부 이 시기에 지어졌는데, 워즈워스도 평온한 일상을 마음껏 즐겼다고 한다.

워즈워스는 식구가 많아지자, 여기서 조금 떨어진 라이달 마운트로 이사를 한다. 그리고 그곳에서 삼십칠 년을 보낸다. 지금 그 집은 워즈워스의 손자가 관리하고 있다고.

도브 코티지 안에서는 사진 촬영이 금지되어 있었다. 거실과 식당, 침실 등을 훑어보고 뒤뜰로 나섰다. 도브 코티지 뒤뜰에서 보니 마을과 호수가 어우러진 풍경이 눈에 들어왔다. 시인이 살았을 때는 앞을 가로막는 건물들이 없어서 호수가 한눈에 들어왔다고 하는데, 지금은 호수 한 귀퉁이만이 조금 보일 뿐이었다.

하지만 풍경은 더할 나위 없이 아름다웠다! 그가 자연을 노래하는 위대한 시인이 된 것은 호수 마을의 풍경 때문이었으리라. 봄이면 찬란하게 피어난 수선화들을 바라보며 노래하고, 해 질 무렵이면 햇살이 부서지는 호수의 은빛 여울을 한없이 바라보며 시를 썼을 것이다.

버스를 기다리면서 호숫가 주변을 거닐었다. 아름다운 풍경을 감상하며 걷다 보니 워즈워스가 무슨 생각을 하며 호숫가를 거닐었을지 궁금해

1 도브 코티지에서 바라본 그래스미어 호수. 예전에는 앞을 가로막는 건물이 없었다니 훨씬 더 보기 좋았을 것이다. 한국의 산과는 사뭇 다른 느낌이다. 23 그래스미어 호숫가의 풍경. 의자에 앉으면 누구라도 시을 읊거나 그림을 그리게 될 것만 같다.

졌다. 한때 자신이 사랑했던 여인, 그러나 바다를 사이에 두고 온갖 이유로 만날 수 없었던 여인 아네트를 생각했을까? 아니면 결혼 전에도, 결혼 후에도 늘 곁에 살며 오빠를 도와주고 시적 영감을 불어넣었던 여동생 도로시에게 감사하는 마음을 가졌던 것일까? 아, 아내인 메리와 함께 걸으며 시상을 떠올렸을지도 모르겠다.

아네트는 젊음의 열정을, 도로시는 그윽한 평화와 위로를, 메리는 따뜻한 가족애를 워즈워스에게 준 게 아닐까? 이들의 사랑 속에서 워즈워스의 시는 때로 찬란하게, 때로 잔잔하게 빛나는 것이리라.

나는 박물관에서 산, 시와 그림이 어우러진 시화 〈수선화〉를 꺼내 읽어보았다. 비록 내가 방문했을 때는 수선화가 피는 계절이 아니었지만, 아름답게 출렁이는 호수를 바라보며 황금빛으로 넘실대는 수선화를 쉽게 상상할 수 있었다.

나는 골짜기와 산 위를 높이 떠도는
구름처럼 외로이 헤맸네

그러다 문득 한 무리 꽃을 보았네
무수한 황금빛 수선화
호숫가 나무 밑에서
미풍에 흔들리며 춤추는 것을

그들은 은하수에서 반짝이는
별들처럼 이어져
호숫가를 따라 돌며
끝없이 끝없이 피어 있었네
수만 꽃송이가 한눈에 들어왔네
머리 까딱대며 흥겹게 춤추는 모습이

반짝이는 물결 그 곁에서 춤췄으나
꽃들의 흥겨움 한결 더했네
그처럼 유쾌한 무리와 어울리니

시인인들 즐겁지 않을 수 있었을까

나는 보고 또 보았지만 그땐 미처 몰랐네

그 광경이 내게 얼마나 값진 걸 주었는지

지금도 가끔 긴 의자에 누워

마음을 비우거나 생각에 잠길 때면

고독의 축복이랄 수 있는 마음의 눈에

그 수선화들 문득 스쳐 가곤 하네

그러면 내 가슴 기쁨으로 가득 차

수선화들과 함께 덩실덩실 춤을 춘다네

수선화가 핀 그래스미어는 어떤 풍경일까? 하늘처럼 푸르고 맑았던 그래스미어 호숫가에 수선화가 넘실대는 풍경을 머릿속에 그려 본다.

• 여행 중에는 잘 먹는 게 최고!

여행 안내 책자에 '사라의 생강빵'이라는 유명한 빵집이 있다고 해서 들러 보았다. 이런 곳을 가지 않으면 뭔가 본전을 찾지 못한 듯 찜찜하니까. 찰스 황태자가 다녀간 적도 있다는 세계적으로 유명한 빵집인데, 막상 찾아가니 우리 동네 빵집의 삼분의 일도 안 되는 작은 집이었다. 물론 가장 중요한 건 바로 맛! 빵 맛이 상당히 독특했

'사라의 생강빵' 빵집. 여행에는 먹는 경험도 참 중요하다는 생각이 든다. 여러분도 여행 중에 개성 있는 음식점에 많이 들러 봤으면 좋겠다. 광고하려는 게 아니니 안심하길!

다. 생강 냄새가 알싸하게 풍기는 게 감칠맛이 있었다. 나중에 숙소로 돌아와 한 조각 한 조각 뜯어먹었는데, 어느 새 한 덩어리를 다 먹고 말았다. 다만 생강 초콜릿은 매운 맛이 강해서 개인적으로는 먹기가 힘들었으니 참고할 것!

홈페이지_ http://www.grasmeregingerbread.co.uk
주   소_ Church Cottage, Grasmere, LA22 9SW, England
개관 시간_ 계절마다 조금씩 차이는 있지만 주로 9:00~17:00

노팅엄에서 만난 영국판 홍길동, 로빈 후드

　런던에 묵으며 에든버러 여행 계획을 세우고 있던 나는 하루 날을 잡아 로빈 후드의 고향 노팅엄으로 향했다. 어린 시절에 읽은 세계 명작 동화에 등장하는 의적, 로빈 후드! 하지만 나는 로빈 후드에 대해 아는 건 별로 없었다. 그저 초록색 옷을 입고 놀라우리만치 활을 잘 쏘는 영웅과 그가 누비는 숲의 모습만 떠오를 뿐이었으니.

　로빈 후드는 활쏘기 시합에 나가기 위해 셔우드 숲 근처를 지나가다가 우연히 싸움을 하게 된다. 그러다 영주 밑에서 일하는 삼림 감독관을 죽이게 된 로빈 후드는 셔우드 숲으로 숨어든다. 그곳에는 다양한 사연들을 간직한 수많은 도망자들이 모여 살고 있다. 로빈 후드는 그들의 지도자가 되어 힘없는 사람들을 위한 의적이 되어 살아간다.

　노팅엄에 도착해서 꾸역꾸역 걸어 노팅엄 성 앞에 이르렀다. 저 멀리 활을 당기고 있는 로빈 후드의 동상이 보였다. 동상 옆에는 영어와 프랑스어, 독일어로 설명을 해 두었는데, "한때 자신의 적이 살던 노팅엄 성 옆에, 최후의 웃는 자가 되어 서 있다."라고 적혀 있었다.

　나는 로빈 후드와 관련된 동상과 전시물을 보며 자연스럽게 홍길동

을 떠올렸다. 《홍길동전》을 읽으면 홍길동이 집을 나와 의적이 될 수밖에 없었던 이유가 설득력 있게 드러난다. 첩의 자식으로 태어나 아버지를 아버지라 부르지 못하고, 일부다처제 속에서 빚어지는 시기와 질투 등이 직접적 원인이 되는 셈이다.

이런 비판 의식은 길동이 집을 나오면서 폭을 넓혀 간다. 길동이 의적 집단인 활빈당의 우두머리가 된 것은 단순히 한 가정의 문제가 아니라, 조선 시대 전반에 걸친 신분 제도의 모순 때문인 것이다.

로빈 후드와 홍길동. 두 의적 이야기의 배경에는 백성을 수탈하는 정치와 굶주림에 허덕이는 민중의 곤궁한 삶이 깔려 있다. 시대가 다르고 사는 곳이 달라도, 인간 세상에는 반복되는 역사가 있는 모양이다. 권력자의 탐욕과 수탈, 거짓말, 종교의 부패 등……. 홍길동과 로빈 후드가 만나는 세상은 왜 그리 다르면서도 같아 보이는지.

로빈 후드 동상 주변에 글귀가 쓰여 있었다. 어쩌면 로빈 후드의 전설에서 현재의 우리가 배워야 할 교훈일지도 모르겠다.

"우리는 과거로부터 미래를 배울 뿐 아니라, 서로에게 배우며 미래를 바라볼 수 있다."

노팅엄 성에 들어가면 한 눈에 보이는 로빈 후드 동상. 활시위를 힘차게 당기고 있다.

*스톤헨지

불운한 시대의 희생양

테스의 마지막 안식처, 스톤헨지

관련 작가	토머스 하디
관련 작품	《테스》
여행 명소	스톤헨지, 솔즈베리 대성당

한 소녀의
눈물 어린 고백

그 아이의 이름을 영아라고 하자. 나는 영아가 중학교 2학년 때 담임이었다. 어느 날 오후, 영아가 나를 찾아왔다.

"선생님, 이야기를 하고 싶어요."

말하기 힘든 어떤 이야기를, 그러나 꼭 해야 한다는 비장함을 안고 나를 찾은 것 같았다. 몇 번의 망설임 끝에 영아가 나에게 들려준 이야기는 대략 이랬다.

영아네 집은 형편이 조금 어려웠다. 그 애가 사는 곳은 집과 집이 다닥다닥 붙어 있는 달동네였다. 대문을 열고 나서면 곧 옆집 문이 있고, 옆집에서 영아네 집 안이 그대로 들여다보이기도 하는 그런 동네였다.

영아가 초등학교 6학년 때였다. 부모님이 일을 하러 나가시기 때문에 학교에서 돌아온 뒤 집에 혼자 있는 일이 많았다. 어느 날 옆집 아저씨가 과자를 먹으라며 영아를 불렀다. 옆집 아저씨는 혼자 살았는데, 평소에도 영아를 무척이나 귀여워했다. 영아는 경계심 없이 옆집으로 들어갔다. 아저씨가 문을 닫는 것도 신경 쓰지 않았다. 그 시절, 초등학교 6학년이던 영아는 정말로 아무것도 몰랐다.

안 좋은 일이 있고 나서 부모님께도 아무 말을 하지 못했다고 했다. 그 뒤 옆집 아저씨는 어디론가 이사를 갔고, 영아는 아무에게도 말하지 못한 비밀을 담임 선생님에게 털어놓는 중이었다.

"선생님, 저 결혼할 수 있을까요?"

이야기 끝에 영아가 덧붙인 질문이었다. 자신이 폭행당했던 사실을 아무에게도 말하지 못한 밑바탕에는 결혼에 대한 두려움이 깔려 있었던 것이다.

"그럼, 아무것도 아니야. 다 잊어버려. 마음이 깨끗한 게 가장 중요한 거니까."

교사가 된 지 이 년이 채 되지 않았던 나는 몇 마디 위로의 말을 던질 수밖에 없었다. 영아의 마음속 깊은 곳에 박힌 상처를 빼내기 위해 여러 가지로 노력해야 했는데, 그때는 그저 상냥한 말로 마음을 다독이는 게 전부라고 생각했다.

불행한 시대의 희생양

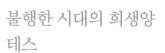

테스

오랜 시간이 흘렀다. 나는 수업 시간에 책 이야기를 즐겨 했다. 《폭풍의 언덕》이나 《제인 에어》, 《오만과 편견》과 같은 영국 소설 이야기도 가끔씩 하게 되었다. 그러다《테스》이야기를 할 때면 마음 한구석에 자리 잡은 영아의 기억이 떠오르곤 했다.

19세기 영국 시골 처녀가 겪었던 고통을 21세기 초 우리나라 서울에 사는 소녀가 똑같이 경험하게 되다니.

하긴 우리나라 문학이라고 그런 이야기가 없었을까? 고전 소설《장화 홍련전》에서 정절을 의심받던 장화가 비참한 죽음을 맞이하는 것도 결국은 비슷한 이유에서였다. 장화는 아이를 낙태했다는 의심을 받고 살해당했다. 행실이 바르지 못한 여자는 죽어도 된다는 잔인함이 작품 속에 깔려 있었다면 지나친 해석일까?

조선 시대 명문가에서는 가문의 명예를 지키기 위해 좋지 않은 소문이

난 집안 여자에게 자살하도록 강요한 일도 있었다고 하니, 지나친 이야기만은 아닐 것이다.

우리나라와 영국은 아주 멀리 떨어져 있다. 하지만 여성의 삶은 두 나라 사이에 일맥상통하는 데가 있다. 이쯤 되면 전 세계적인 공통점이라고 해도 되리라. 그런 면에서 《테스》는 억압된 시대에 여성이 겪어야 했던 고통과 슬픔을 담아낸 '수난의 여성사'라고 할 수 있을 것이다. 스톤헨지는 그 자취를 더듬는 과정이라는 생각이 들었다.

1891년에 발표한 토머스 하디의 《테스》를 처음 읽은 건 고등학교 1학년 때쯤이었다. 그때는 어린 시절이었으므로 줄거리 위주로 작품을 읽었다.

책을 읽고 나서 여성의 혼전 순결이 그토록 중요할까? 알렉이라는 남자의 죄는 얼마나 큰 걸까? 에인젤은 왜 그렇게 판단했을까? 하는 질문이 머릿속을 맴돌았다. 물론 19세기 여성들이 겪은 수난과 같은 역사적·사회적 배경 따위는 전혀 생각하지 못했다.

테스의 아버지 잭 더비필드는 어느 날 마을 목사에게서 자신이 명문 귀족 집안인 더버빌가의 후손이라는 이야기를 듣고 우쭐한 나머지 그만 술에 취해 버린다. 술에 취한 아버지 대신 마차를 몰고 시장에 간 테스. 불행히도 우편 마차와 충돌하여 말이 죽게 된다. 생계를 걱정하게 된 테스의 부모는 행여 친척이 도움을 주지 않을까 기대하며 그녀를 더버빌가로 보낸다.

그 후 테스는 더버빌가의 농장에서 닭 치는 일을 하게 된다. 그런데 더버빌가의 아들 알렉이 테스의 순결을 빼앗고 만다. 테스는 뜻하지 않은

임신을 한 채 집으로 돌아와 아이를 낳는다. 하지만 아이는 곧 세상을 떠나고 테스는 또다시 일자리를 찾아 나선다.

다른 농장에 일자리를 구한 테스는 목사의 아들 에인젤 클레어를 만나 사랑하는 사이가 되고, 에인젤은 곧 테스에게 청혼을 한다. 테스는 순결을 잃은 옛일 때문에 청혼을 받아들이지 못하다가 자신의 과거를 편지에 써

비관론자로 불린 토머스 하디

토머스 하디는 1840년에 영국 남부 지방 농촌에서 태어났다. 토머스 하디가 활동하던 시기는 영국의 전통적인 사회가 무너지고 도시 문화가 농촌을 변화시키던 때였다.

게다가 당시 영국 사회에 만연했던 신분 차별은 석공의 아들인 하디에게 우호적이지 않았다. 그래서 하디의 작품에는 계급이나 지위 따위는 사람의 본질과 아무런 관계가 없다는 비판적인 생각이 녹아 있다.

이것은 그의 소설 《테스》에서도 잘 드러난다. 여주인공 테스는 결혼을 약속한 에인젤에게 자신의 과거를 반드시 밝히려 한다. 사람에게 껍데기는 중요한 게 아니라는 하디의 생각을 잘 보여 주는 장면이다.

하디는 《귀향》, 《미천한 사람 주드》 등 여러 소설을 발표하는데, 대부분 작품의 결말이 비극적으로 끝나기 때문에 비관론자로 불리기도 한다. 하지만 그의 소설에는 신분과 지위를 떠나, 인간의 진실된 모습과 삶의 근원에 대한 고민이 녹아 있어 지금까지도 수많은 독자들의 사랑을 독차지하고 있다.

노년의 토머스 하디를 그린 초상화. 하디는 여러 번 초상화 모델이 되었는데, 한번은 완성된 초상화를 보며 "이제 무덤에 갈 때가 되었군."이라고 말했다고 한다.

서 에인젤에게 보낸다.

다음 날 여전히 따뜻하게 자신을 대하는 에인젤을 보며 테스는 그가 자신을 받아들였다고 생각한다. 하지만 알고 보니 에인젤은 편지를 미처 보지 못했던 것. 결혼식을 올린 첫날밤, 테스가 자신의 과거를 고백하자 에인젤은 고통스러워하며 테스 곁을 떠나고 만다.

에인젤과 헤어져 다시 가난에 쪼들리게 된 테스에게 알렉이 나타나 유혹의 손길을 뻗친다. 테스가 애타게 기다리던 에인젤은 끝내 편지 한 통 보내지 않는다. 결국 절망 속에서 테스는 알렉과 함께 살게 된다.

어느 날 우여곡절을 겪은 에인젤이 테스 앞에 나타난다. 그렇지만 너무 늦은 재회였다! 테스는 자신의 삶을 망가트린 알렉을 죽이고 에인젤을 따라나선다. 사람들의 눈을 피해 행복한 나날을 보내며 사랑을 확인하는 두 사람.

그러나 더는 피할 곳이 없었다. 마지막 밤에 그들이 찾아간 곳은 스톤헨지. 테스는 스톤헨지의 돌을 침대 삼아 잠이 든다. 그리고 새벽녘에 경찰에게 체포된다.

다음 날 에인젤과 테스의 여동생은 사형 집행장의 검은 깃발이 올라가는 걸 함께 지켜본다.

책을 한번 잡으면 손에서 놓을 수 없을 정도로 흥미진진한 이야기였다.

에인젤과 테스의 사랑은 달콤하지만, 사랑을 이루지 못하고 살인을 저지르게 되는 테스의 비극적 운명은 안타깝기만 하다.

소설 속에서 스톤헨지에 도착한 테스가 에인젤에게 묻는다.

"옛날엔 여기서 하느님에게 제물을 바쳤을까요?"

아닐 거라는 에인젤의 말에 그럼 누구에게 바쳤냐고 묻는다. 에인젤은 '태양에게'라고 대답한다. 이 말이 나에게는 '제단에 바쳐지는 건 테스, 바로 너야. 너야말로 불행한 시대에 제단에 바쳐진 희생양이라고.'처럼 들리는 것 같았다.

1979년에 나스타샤 킨스키라는 여배우가 주연을 맡고, 로만 폴란스키

감독이 만든 영화 〈테스〉의 포스터에는 이런 글귀가 쓰여 있다.

"그녀는 성폭행을 '폭행'이 아니라, '유혹'이라 부르는 시대에 태어났다."

그녀가 책임져야 할 일이 아닌 것을 책임으로 떠안고 살아야 했던 시대에 대한 비판이 담긴 인상적인 문구였다.

테스의 마지막 안식처
스톤헨지

대체 스톤헨지는 어떻게 생겼을까? 어떤 규모일까? 사진이나 영상으로는 스톤헨지를 여러 번 봤지만 그 규모를 잘 가늠할 수가 없었다. 사진이나 영상이란 게 얼마나 과장되기 쉬운가! 다른 사람들이 쓴 글을 읽어 보아도 경이로움에 가득 차서 봤다는 사람도 있고, 기대를 안고 갔는데 실망했다는 사람도 있어서 역시 갈피를 잡기 힘들었다.

런던에서 스톤헨지에 가려면 워털루 역에서 기차를 타고 한 시간 반쯤 달려 솔즈베리 역에서 내려야 했다. 솔즈베리 역에 내려 걸어서 십오 분쯤 걸리는 관광 안내소를 물어물어 찾아갔다. 스톤헨지에 가고 싶다고 하니 관광버스가 있다고 하는데, 올드 살룸이라는 곳까지 들른다고 한다.

입장료 포함한 버스 요금을 보니 일반인과 학생의 차이가 상당히 심한 편이었다. 차마 학생이리고 할 수는 없고……, 혹시 교사는 할인이 안 되느냐고 물어보니 학생 표를 끊어 주었다. 순간 머쓱했지만 학생 표를 들고 버스에 올랐다. 타고 나면 누가 알겠어?

버스에서 내리니 '올드 살룸 오천 년의 역사'라고 쓰여진 안내판이 나를 반겼다. 이 석회암 언덕은 오천 년 전 이곳에 살던 사람들에게 경배의 장소였다고 한다. 뒤에는 주변에서 농사를 짓고 살던 켈트족의 요새였고, 로마 침략기에는 군사적 요충지가 근처에 만들어졌다고.

아득한 옛날부터 켈트족, 로마 제국, 앵글로·색슨족, 바이킹족 등 여러 종족이 이곳에 머무르며 성지, 요새, 관문, 성 등 다양한 장소로 이용을 한 셈이었다. 여기저기 쌓인 돌무더기며 성의 잔해, 탑이 있던 곳, 경배 장소 등 갖가지 역사의 흔적이 언덕 위에 서려 있었다.

문득 고개를 들어 보니 한눈에 바라보이는 솔즈베리 평원의 모습이 한층 더 멋있게 다가왔다.

"이 고장의 들판은 한 번도 가뭄으로 누렇게 타 버린 적이 없었고, 샘물도 말라 본 적이 없는 비옥하고 아늑한 고장으로……."

《테스》의 앞머리에 그런 구절이 나온다. 테스의 고향, 즉 토머스 하디의 고향과는 조금 거리가 있긴 하지만, 영국 남부의 풍광은 그렇게 아늑하고 평화롭고 비옥해 보였다. 인간이 풍요로운 자연 속에서 온갖 비바람과 서리를 맞고 사는 건 같은 인간 때문이 아닐까.

막상 스톤헨지에 도착하자 크게 감탄스럽지도 않았지만, 완전히 실망스럽지도 않았다. 스톤헨지를 유심히 바라보며 주변을 빙빙 돌았다. 하지만 무엇을 어떻게 봐야 할지 알 수가 없었다. '아는 만큼 보인다.'는 말은 이럴 때 쓰는 것일 테지.

¹ 올드 살룸 입구. 분위가 묘해서 한참을 바라보았다. ² 올드 살룸에서 바라본 솔즈베리 평원. 비가 내리고 있었는데도 참 평화로워 보였다. ³ 올드 살룸에서 나를 맞이한 안내문. ⁴ 스톤헨지의 다양한 모양 돌들. 테스는 이런 돌 위에서 잠들었을 것이다. 내가 간 계절이 겨울이라서 그런가, 무척 차가워 보이는데.

다른 관광객들을 둘러보았다. 어차피 바라보기만 할 거라면 입장료를 내지 않고도 얼마든지 볼 수 있을 텐데, 굳이 입장료를 내고 들어와 자못 심각한 얼굴로 스톤헨지를 멀뚱멀뚱 바라만 보는 사람들이 많았다. 물론 이곳저곳에서 열심히 사진을 찍고 오디오 해설에 귀를 기울이며 한참을 바라보는 사람도 있었다.

나는 스톤헨지의 유례나 쓰임이보다는, 소설 속에서 테스가 누웠던 돌이 어떤 것인지 궁금했다. 왜 이곳이 마지막 행선지가 되었는지도 알고 싶었다. 그런데 막상 스톤헨지 앞에 서 보니, 그 이유가 '간절한 기원'이 아니었을까, 하는 생각이 들었다.

옛 사람들의 간절한 기원이 돌을 이곳까지 움직여 왔고, 자신들의 기원을 담아 여기에 세웠으며, 절대적 존재를 향해 무엇인가를 기원했던 곳이지 않은가.

머릿속에 《테스》가 다시 떠올랐다. 삶의 막다른 곳으로 쫓기고 쫓기다가 결국은 살인자가 되어 테스가 피했던 최후의 장소가 바로 스톤헨지였다. 그녀가 처한 현실과 다른 행복한 꿈을 바라기에 알맞은 장소라서, 작가는 이곳을 굳이 마지막 행선지로 정한 것이리라.

스톤헨지의 평평한 돌에 몸을 누이고 잠이 든 테스는 꿈속에서 무엇을 기원했을까?

국민의 자유와 권리를 위한
마그나 카르타

이런저런 잡다한 생각에 잠겨 스톤헨지 주변을 어슬렁거리다 돌아가는 버스 한 대를 놓쳤다. 비가 부슬부슬 내리기 시작하자, 스톤헨지에는 묘한 분위기가 감돌았다.

기념품 가게에 들어가 버스를 기다리노라니 조금씩 초조해지기 시작했다. 시곗바늘은 네 시를 가리키고 있었다. 돌아가는 길에 솔즈베리 대성당에 들러야 하는데……. 성당은 다섯 시에 문을 닫는다고 했다.

솔즈베리 대성당에는 '마그나 카르타'라고 불리는 대헌장이 있다. 그걸 봐야 한다는 생각에 마음이 더 급해졌다.

다행히 문이 닫히기 직전에 도착을 했지만, 성당을 자세히 둘러볼 시간

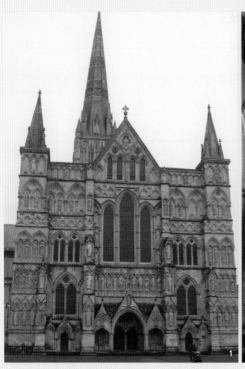

1 솔즈베리 대성당의 정문. 2 솔즈베리 대성당의 내부. 저기 어딘가 마그나 카르타가 있을 텐데. 3 솔즈베리 대성당의 옆모습은 마치 《해리 포터》에 나오는 마법 학교 건물처럼 생겼다.

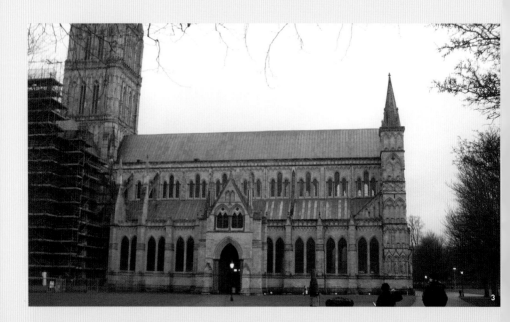

은 없었다. 그저 어느 쪽으로 가야 마그나 카르타를 볼 수 있을까 생각하며 여기저기를 기웃거리다가 힘없이 돌아 나와야 했다.

기차역까지 걸어가는 동안 내 머릿속에는 13세기의 대헌장과 19세기 영국의 시골 처녀 테스가 묘하게 겹치고 있었다. 모든 사람들의 권리를 담고 있는 대헌장에 한 나라의 왕이 서명을 한 지 팔백여 년이 지났다. 그

'마그나 카르타'는 어떤 문서일까?

역사상 가장 못난 왕이라 불리는 영국의 존 왕. 조카를 살해하고, 교황과 다투다 파문을 당하고, 과도한 세금을 거두어 국민을 못살게 굴고, 프랑스와의 전쟁에서 참패했던 왕이다. 그는 1215년 마그나 카르타(대헌장)에 서명한다.

마그나 카르타는 영국 귀족들이 왕의 권한을 제한하고 국민의 자유와 권리를 보장하기 위해 왕에게 강요하여 받아낸 법률 문서이다. 물론 이 문서는 당시 농민이었던 사람들의 권리까지 보장하는 것은 아니었다.

그러나 압제와 권력에 항거하는 상징으로, 보통 사람들의 권리를 보호하는 근거가 되는 문서로 역사적인 의의를 지닌다고 하겠다.

마그나 카르타에 들어 있는 정신은 이후 여러 나라의 헌법, 인권 선언 등에 그대로 계승된다. 마그나 카르타는 여러 부를 만들었는데, 현재 2부는 영국 도서관에, 2부는 각각 링컨 대성당과 솔즈베리 대성당에 보관되어 있다. 솔즈베리 대성낭에 남아 있는 것이 비교석 보관 상태가 좋다고 한다.

영국 도서관에 소장하고 있는 마그나 카르타.

리고 짓밟힌 순결 때문에 나락으로 떨어져 간 시골 소녀 테스 이야기가 세상에 나온 지 백이십여 년이 지났다.

하지만 짓밟히는 인권, 억울하게 억압당하는 사람들, 성폭력 앞에서 무너지는 여성의 삶은 아직 그대로인 것처럼 느껴졌다. 정말로 인류의 역사는 발전하고 진보하는 걸까? 그런데 왜 이렇게 비슷한 아픔이 끊임없이 계속되는 걸까?

참, 내가 가르쳤던 아이, 영아는 어떻게 되었느냐고? 영아가 졸업하고 십 년 쯤 뒤, 그러니까 영아가 이십대 중반쯤 되었을 때였나 보다. 갑작스럽게 전화를 걸어 왔다. 결혼해서 잘살고 있다고……. 목소리도 아주 밝았다. 자신의 아픔을 알고 있는 선생님에게 꿋꿋하게 살고 있다는 소식을 전하고 싶었으리라.

그때 나는 군이 영아를 다시 만나려 하지 않았다. 세월이 더 흘렀고, 이제는 영아의 얼굴조차 희미해졌다.

영아야! 그때 받은 상처는 쉽사리 지워지지 않겠지만, 이제 비밀은 잊고 살아가렴. 앞으로 쭉 행복하길 바랄게.

● 솔즈베리와 바스를 묶는 여행

나는 바스와 솔즈베리를 묶어서 여행할 생각은 전혀 하지 못했다. 하지만 나중에 기차 노선을 알아보니, 바스에서 솔즈베리로 바로 가는 기차편이 있었다! 게다가 겨우 한 시간 정도밖에 걸리지 않는다. 혹시 문학 여행을 계획하거나, 두 도시에 다 가 볼 마음이 있다면, 런던-바스-솔즈베리-런던의 1박 2일 여행을 계획해 보는 게 좋겠다. 바스나 솔즈베리에서 하룻밤 묵으면 되니까, 교통비도 절약되고 시간도 단축할 수 있다.

스톤헨지,
넌 도대체 뭐니?

스톤헨지는 중세 영어로 '공중에 걸쳐 있는 돌'이라는 뜻이다. 세계
7대 불가사의, 춤추는 돌, 신비의 돌 등 여러 가지 별명으로 불리는데,
1986년에 유네스코 세계문화유산으로 등록되었다.

높이 8미터, 무게 50톤이 나가는 약 팔십여 개의 돌로 이루어진 이 거
대한 구조물은 선사 시대인 기원전 3100년 무렵에 세워지기 시작해서,
기원전 1400년에 이르기까지 긴 세월에 걸쳐 만들어졌다고 한다.

스톤헨지를 만들기 위해 돌을 어떻게 운반했는지, 돌을 어떻게 쌓아
올렸는지도 불가사의하지만, 무엇 때문에 만들었는지에 대해서도 전혀
알려진 게 없다. 대대적인 종교 의식을 하는 성지였다는 설도 있고, 장례
나 제사 등을 지낸 곳이었으리라는 추측도 있다. 돌의 배열이 하짓날에
해가 뜨는 방향과 일치한다는 얘기도 있다.

스톤헨지에 들어가려면 굴처럼 생긴 입구를 지나야 한다. 스톤헨지
옆에 큰 도로가 지나고 있기 때문이다. 입장을 해도 스톤헨지 바로 옆까
지 갈 수는 없다. 만져 볼 수도 없다. 스톤헨지에 다가갈 수 없도록 말뚝
에 연결된 줄로 막아 놓았기 때문이다.

스톤헨지. 이상하게도 주변에 새들이 참 많이 앉아 있었다.

주변을 빙 돌면서 살펴보니 의외로 참 다양한 모습을 하고 있다. 두 개의 기둥같이 거대한 돌 위에 돌판이 얹어진 모양, 기둥같이 생긴 모양, 네 개의 기둥에 돌판이 얹어진 모양, 바닥에 누워 있는 돌 등등.

스톤헨지 앞에 서자 유홍준 교수의 말이 생각났다.

"사랑하면 알게 되고, 알게 되면 보이나니, 그때 보이는 것은 전과 같지 않으리라."

조금 더 많이 알고 있었다면 스톤헨지의 아름다움이나 의미를 더 많이, 더 깊이 느낄 수 있었을 텐데, 아쉬울 따름이었다.

*영국 도서관

영국 문학 여행의 끝에서

영국 도서관

런던에서 피어나는
예술의 향기

　　　　　　　　　　2012년 8월 런던 올림픽 경기장, 폴 매카트니
가 노래를 부른다.

> Hey Jude, Don't make it bad.
>
> (헤이 주드, 슬퍼하지 마)
>
> Take a sad song and make it better.
>
> (슬픈 노래라도 즐거운 노래가 될 수 있듯이)
>
> Remember to let her into your heart.
>
> (그녀를 마음으로 받아들이면)
>
> Then you can start make it better.
>
> (더 좋은 관계가 시작될 거야)

　수만 명의 관중들이 〈헤이 주드〉를 합창한다. 그리고 폴 매카트니가 노래를 마치며 두 손으로 하트를 만들고는 이렇게 외친다.

"런던에 오신 걸 환영합니다!"

비틀즈의 노래로 수많은 관중을 하나로 만든 런던 올림픽. 영국 사람들은 올림픽을 통해 런던의 문화와 예술을 한껏 자랑했다. 그런 그들의 자기 자랑을 한편으로는 존중하지 않을 수 없었다. 셰익스피어와 해리 포터, 비틀즈와 롤링스톤즈…… 어찌 자랑스럽지 않겠는가?

올림픽 개막식을 보며 나는 영국 문학 여행이 자연스럽게 떠올랐다. 영국 문학 여행 중에 가장 오래 머문 곳이 런던이었기에 더욱더 그러했다. 런던은 곳곳에서 문학과 예술의 향기가 퍼져 나오는 곳이었다.

처음 영국에 도착했을 때는 공항에서 시내로 가는 지하철을 타는 것까지도 사람들에게 몇 번이나 묻고 또 물어야 했다. 그럼, 두 번째 방문 때는 좀 나았냐고? 나도 그럴 줄 알았다. 하지만 런던은 역시 대도시였다. 일단 지하철역이나 버스 정류장에서 내리고 나면, 목적지를 찾을 때까지 끊임 없이 헤매야만 했다. 아마도 한참을 헤매인 끝에 만났기에 예술가의 초상 과 문학의 향기가 더욱더 감동적으로 다가왔는지도 모르겠다.

영국 문학 여행이 끝나 갈 무렵, 문득 테이트 모던 미술관에 가 보기로 마음먹었다. 테이트 모던은 런던에 있는 현대 미술관으로, 영국 테이트 재 단에서 운영하는 여러 전시관 중 하나이다. 1993년 영국의 존 메이저 수 상은 21세기를 맞아 '밀레니엄 프로젝트'를 선언하고 몇 개의 기념비적 건축물을 세우는데, 이때 만들어진 것이 런던 아이, 밀레니엄 다리, 테이 트 모던이다.

테이트 모던은 이십 년 이상 방치되던 화력 발전소를 고쳐서 2000년 5월에 미술관으로 개관했다. 어떤 사람들은 이처럼 이미 쓸모없게 된 시 설을 개조해서 문화 공간으로 만드는 걸 가리켜, 전통을 높이 여기는 영 국의 정신이 반영되었다고 말하기도 한다.

테이트 모던을 찾아가는 날, 역시나 지하철역에서부터 헤매다가 스위 스에서 왔다는 올라라는 아가씨와 함께 걷게 되었다.

"난생처음 혼자 여행을 해요. 그래서 조금 두렵답니다."

그녀는 내가 이상한 모양이었다. 가까운 곳에 사는 유럽 인인 데다 언 어의 장벽도 없으니, 내 처지를 이해하지 못하는 것도 당연했다.

밀레니엄 다리에 도착하자 올라는 다리 건너편에 조금 기괴한 모양으

다리 건너에서 본 테이트 모던. 원래 화력 발전소였다는 사실을 모르고 보면 상당히 특이한 건물로 보일지도 모르겠다.

로 서 있는 건물을 가리켰다.

"바로 저기예요. 멋진 여행이 되기를 바라요."

시와 그림,
그리고 상상력

　　　　　　　　사람을 압도하는 듯한 테이트 모던 건물 안으로 들어섰다. 기대한 현대식 건물에 괜히 주눅이 들었다. 조금 삭막한 느낌이 들기도 했다. 전시실을 이곳저곳 들러 보았지만 어떤 감동이나 감

흥이 오질 않았다. 그만 나가야겠다는 생각이 들 때쯤 '시와 꿈'이라는 전
시실과 마주쳤다. 전시실 이름에 이끌려 냉큼 들어갔다.

어라, 낯익은 그림들이 보였다. 미로, 달리, 피카소……. 거장들의 그림
을 직접 보게 될 줄이야.

나는 미로의 〈달빛 아래 여인과 새〉 앞에 섰다. 중·고등학교 시절 미술
교과서에서 본 기억이 났다. 추상적인 그림이니만큼 논리적으로 설명할
수가 없었다. 달과 별은 보이지만 무엇이 여인인지 어떤 게 새인지 갸우
뚱거릴 수밖에.

갑자기 수업 시간에 시를 어려워하던 아이들이 떠올랐다. 내가 그림 앞
에서 그러듯이, 아이들은 시 앞에서 연방 머리를 갸우뚱거리겠지. 어쩌면

1 테이트 모던의 내부. 거대한 현대 건물 앞에서 괜스레 주눅이 들었다. 2 3 테이트 모던 내부 전시실들.

시도 우리가 눈으로 보는 한 폭의 추상화와 같을지 모른다. 의미를 알려고 애를 쓸수록 오히려 알기 쉽지 않으니 말이다.

"회화와 시는 사랑을 나누는 것과 비슷하다. 서로 꼭 끌어안고 있을 때에는 그 정열 때문에 모든 사리 분별을 잊어버리기에, 어떠한 것도 그것을 막을 수 없다."라는 말을 들은 적이 있다.

화가인 미로가 한 말이다. 시인이든 화가든, 예술가는 삶을 바라보고 그것을 자기 나름대로 재해석한다. 그리고 우리에게 묻는다. 당신은 어떻게 생각하냐고. 그래서 우리는 그림을 보고, 시와 소설을 읽으며 끊임없이 생각하게 된다. 작가는 무엇을 말하고 싶어 하는지, 나는 무엇을 찾고 있는지 자연스레 떠올리게 되는 것이다. 물론 정답은 없다. 내 생각의 세계가 넓어지고 상상력이 풍부해질 뿐.

앞에서 미로가 얘기했듯이, 생각과 상상력을 막을 수 있는 건 아무것도 없으니까.

독창적 아이디어는
도서관에 가득하다

영국 기행의 마지막은 영국 도서관이었다. 도서관은 내가 묵던 숙소 바로 옆에 있었는데도 쉽게 들르지 못하다가 여행 끝 무렵에야 가 볼 수 있었다. 주변을 둘러보니 여러 글귀들이 벽에 걸려 있었다. 여기저기 마음에 와 닿는 말들이 적혀 있었다. 영국 도서관에 왔

기 때문일까? 한 문장이 유난히 눈에 띄었다.

독창적 아이디어. 어려운 것이 아니다. 도서관에 가득하다.

도서관에 들어가 가방을 맡기고 안내 데스크로 갔다. 의무감에 무작정 들어온 도서관이라 어디로 가야 할지 알 수가 없었다. 작가들의 친필 원고가 어딘가 있다는 말만 얼핏 들은 정도였으니.

"갤러리로 가시면 돼요."

안내원은 도서관 약도를 꺼내더니 전시실로 보이는 곳에 동그라미를 쳐 주었다. 사진은 찍지 못한다는 말과 함께.

1 영국 도서관 입구. 테러 사건이 벌어진 지 얼마 되지 않아 들어갈 때 검색이 심한 편이었다. 2 영국 도서관 정문. British Library라는 글씨로 만들어져 있다. 3 베토벤의 친필 악보. 베토벤은 악필이었던 것일까? 아니면 잊어버릴까 봐 막 적어 넣은 것일까? 4 도서관 열람실. 사람들에게서 열기가 느껴졌다.

약도에 표시된 방은 '존 리트블랫 경의 갤러리'라는 긴 이름이 붙어 있는 전시실이었는데, 솔즈베리 대성당에서 보지 못했던 마그나 카르타며 구텐베르크의 성경 인쇄본, 여러 작곡가들의 친필 악보까지 볼 수 있었다.

나는 작가들의 친필 원고를 유심히 살펴보았다. 워즈워스가 어린 시절에 썼다는 시가 보였다. 무슨 내용인지 글자를 잘 알아볼 수가 없었지만……. 제인 오스틴의 《설득》 원고도 있었다.

앗, 샬럿 브론테의 《제인 에어》다! 'Readers! I married him.'이라는 구절이 보였다. 《제인 에어》의 마지막 부분이다. 온갖 우여곡절을 겪은 제인이 눈이 먼 로체스터와 결혼하는 대목. 중학교 1학년 때 엄마의 책장에서 두툼한 《제인 에어》를 꺼내 읽다가 '독자여! 나는 그와 결혼했다.'라는 부분을 읽으며 감동을 느꼈던 때가 떠올라 슬쩍 웃음이 났다.

1862년 7월 4일 날짜가 적힌 《이상한 나라의 앨리스》 자필 원고도 있었다. 손수 그림까지 그려 넣은 모양이었다. 왠지 모르게 장인 정신이 느껴졌다. 그리고 셰익스피어……. 영국 도서관인데 셰익스피어가 빠질 리 없지. 그의 원고들도 몇 편 찾아볼 수 있었다.

전시물을 둘러보고 잠깐 의자에 앉았다. 높은 유리벽에 천장까지 책들로 가득 채워져 있는 게 보였다. 소중한 자료들일 것이다. 나는 인간 정신의 위대

루이스 캐럴이 직접 글을 쓰고 그림을 그린 책 《이상한 나라의 앨리스》. 수학자가 그림도 잘 그리고, 완전 팔방미인이다.

함이 도서관에 있다는 생각을 했다.

진리를 추구하는 인간, 삶의 길을 묻고 자신이 찾은 길을 알려 주는 인간들의 길 찾기는 이곳저곳에서 책으로 정리되어 차곡차곡 쌓이는 것이리라.

내가 사는 건 잃은 것을
찾는 까닭입니다

영국 문학 여행을 마무리할 때가 되자, 나는 이상하게도 버지니아 울프의 집을 찾아 헤매던 시간이 떠올랐다. 어딜 봐도 아는 길 하나 없고, 스스로 찾아가야만 했다. 존재하는 건 알지만, 내가 찾기 전에는 존재하지 않는 곳.

다른 것도 마찬가지다. 모두들 아름답다고 하지만, 내가 스스로 느끼기 전까지 내게는 그 아름다움이 존재하지 않는다. 그래서 우리는 사는 것을 '길 찾기'에 비유하는 것인지도 모르겠다.

하지만 오늘은 어디에 머물러야 하고, 내일은 또 어디를 찾아가야 하고……, 그런 준비나 긴장을 풀어 버릴 시간도 필요하다. 그래야만 다음 순간 더 잘 찾아갈 수 있을 테니까.

나 역시 여행 중에 길 찾기를 잠시 중단하고 쉬었던 순간이 있었다. 바로 내가 좋아하는 작가의 작품을 머릿속으로 떠올릴 때였다. 짧은 순간이지만 계속 걷고 끊임없이 찾아야 하는 여행지에서 최고의 위안이고 감동이었다. 좋아하는 시나 작품의 구절구절을 조금 더 많이 기억하고 있었으면 좋았을 것을……, 이라는 후회가 들 정도로.

나는 우리의 삶과 판박이처럼 닮아 있는 영국 길 찾기의 여정 속에서 윤동주의 시를, 그중에서도 '내가 사는 것은 다만 잃은 것을 찾는 까닭입니다.'라는 부분을 한없이 읊조리곤 했다. 그랬더니 정말 묘하게도, 어떻게든 찾던 게 눈앞에 나타나더라!

잃어버렸습니다
무얼 어디다 잃었는지 몰라
두 손이 주머니를 더듬어
길에 나아갑니다.

돌과 돌과 돌이 끝없이 연달아
길은 돌담을 끼고 갑니다.

담은 쇠문을 굳게 닫아
길 위에 긴 그림자를 드리우고

길은 아침에서 저녁으로
저녁에서 아침으로 통했습니다

돌담을 더듬어 눈물짓다

쳐다보면 하늘은 부끄럽게 푸릅니다.

풀 한 포기 없는 이 길을 걷는 것은

담 저쪽에 내가 남아 있는 까닭이고,

내가 사는 것은, 다만,

잃은 것을 찾는 까닭입니다.

　　　　　　　　　　―윤동주, 〈길〉

• 만남과 이별의 장소

런던을 생각하면 일단 세인트 판크라스 역이 떠오른다. 모든 길 찾기의 시작이자 마지막이 세인트 판크라스 역이었으니까. 아마 런던을 구경하는 사람이라면 누구나 지나가야 할 정류장임에 틀림없다.

세인트 판크라스 역에 내리게 된다면, 이층에 꼭 한번 올라가 보자. 여기에는 만남과 이별을 상징하는 높이 9m의 청동상이 있다. 남녀가 꺼안고 있는 모습의 청동상에는 '만남'이라는 제목이 붙어 있다. 작품의 작가는 영국인, 부인은 프랑스 인이라고 한다. 아마도 자신의 경험을 되살려 만든 것이리라.

청동상 〈만남〉.

혹시 작품을 구경하게 되면 상상해 보라. 이 연인은 지금 막 만난 기쁨에 꺼안은 것인지, 아니면 만남의 마지막인 헤어짐을 아쉬워하며 꺼안은 것인지. 나는 런던에 막 도착했을 때 만남으로 느껴졌지만, 런던을 떠날 때에는 헤어짐으로 보였다. 잘 만든 작품은 보는 사람의 감정에 따라 달리 보이나 보다.

• 우리나라에는 없을 줄 알았지?

우리나라에도 '테이트 모던'처럼 기존 시설을 재활용해서 만든 공간이 있다. 바로 서울시 영등포구에 있는 '한강 선유도 공원'이다. 선유도 공원은 과거 정수장으로 사용하던 구조물을 재활용하여 만든 환경 재생 생태 공원이다. 흔히 우리나라 최초라고 불린다. 이십사 년 동안 일반인의 출입이 통제되던 옛 정수장의 흔적을 살리면서, 수생 식물 등 많은 식물을 심어 친환경적이라고 한다. 2002년 4월에 문을 열었으니 영국의 테이트 모던보다는 조금 늦은 셈이다. 하지만 환경을 생각하고 폐허를 되살렸다는 점에서 그 흐름이 맞닿아 있다고 하겠다. 개인적으로는 아기자기한 면이 있는 선유도 공원에 조금 더 후한 점수를 주고 싶다.

뮤지컬 〈레 미제라블〉과
영국 여행

여러 명이 여행을 함께할 때는 몰랐는데, 혼자서 여행을 하자 가장 무료한 때가 바로 밤 시간이었다. 사실 적적하다 못해 두렵기까지 했다. 그 두려움과 쓸쓸함으로 뒤범벅된 밤을 감동으로 채워 준 뮤지컬이 있었으니, 바로 〈레 미제라블〉이었다. 나는 충동적으로 런던의 퀸즈 극장에 찾아가 예매를 하고, 그날 저녁 설레는 마음으로 극장을 찾았다.

프랑스 작가 빅토르 위고가 쓴 소설 《레 미제라블》은 프랑스 6월 혁명을 배경으로 한 작품이다. 평등한 사회를 꿈꾸는 노동자와 농민들의 저항 정신을 바탕으로, 가난한 사람들의 인간애를 따뜻하게 그리고 있다.

《레 미제라블》은 뮤지컬로도 만들어져 큰 인기를 끌었는데, 얼마나 인기가 높았는지 이십 년이 넘게 장기 공연되고 있다고 한다. 막상 극장에 들어가 뮤지컬 〈레 미제라블〉을 접하자, 왜 그렇게 인기가 많은지 알 수 있었다. 음악과 연기가 어우러진 감동, 그 자체였다!

뮤지컬을 한참 보다가, 나도 모르게 눈물을 흘렸다. 정부군의 진압으로 혁명에 실패한 시민군의 대오가 비장한 표정을 지으며 나지막하게 부르는 노랫소리에 가슴이 아팠던 것이다.

민중의 노랫소리가 들리는가

분노한 이들의 노래

이것은 민중의 음악

다시는 노예가 되지 않으리라는 목소리

당신들의 심장 뛰는 소리가

북소리 되어 울려 퍼질 때

새로운 삶이 시작될 테니

내일이 오면

　나는 뮤지컬을 보며 이백 년 전 먼 나라 사람들의 삶과 시대를 내 것처럼 느끼게 하는 예술의 힘을 느낄 수 있었다. 그리고 아픈 마음을 위로해 주는 문학과 예술의 치유력에 다시 한번 놀랐다. 그래, 문학이 존재하는 이유는 바로 이것이로구나!

1 퀸즈 극장 전경. 건물 전체가 〈레 미제라블〉로 덮여 있어서 쉽게 찾을 수 있었다. 2 뮤지컬 〈레 미제라블〉의 시작 장면.

첫판 1쇄 펴낸날 2013년 11월 28일
6쇄 펴낸날 2016년 11월 10일

지은이 강혜원 **그린이** 김학수
발행인 김혜경 **편집인** 김수진
주니어 본부장 박창희
편집 진원지 김채은
디자인 전윤정
마케팅 정주열
경영지원국장 안정숙
회계 임옥희 양여진 김주연

펴낸곳 (주) 도서출판 푸른숲
출판등록 2002년 7월 5일 제 406-2003-032호
주소 경기도 파주시 회동길 57-9 파주출판도시 푸른숲 빌딩, 우편번호 10881
전화 031)955-1410 **팩스** 031)955-1405
홈페이지 www.prunsoop.co.kr **이메일** psoopjr@prunsoop.co.kr

ISBN 978-89-7184-995-8 44080
      978-89-7184-390-1 (세트)

푸른숲주니어는 푸른숲의 유아 · 어린이 · 청소년 책 브랜드입니다.

* 잘못된 책은 구입하신 서점에서 바꾸어 드립니다.
* 본서의 반품 기한은 2021년 11월 30일까지입니다.

이 도서의 국립중앙도서관 출판시도서목록(CIP)은 e-CIP 홈페이지(http://seoji.nl.go.kr)와 국가자료
공동목록시스템(http://www.nl.go.kr/kolisnet)에서 이용하실 수 있습니다.(CIP제어번호 : CIP2013023902)